文化名人的家国情怀

刘洋　张勇　主编

文物出版社

图书在版编目（CIP）数据

文化名人的家国情怀 / 刘洋，张勇主编 . -- 北京：
文物出版社，2023.12

ISBN 978 - 7 - 5010 - 8324 - 4

Ⅰ. ①文…　Ⅱ. ①刘…②张…　Ⅲ. ①文化 - 名人
生平事迹 - 中国 - 现代　Ⅳ. ①K825.4

中国国家版本馆 CIP 数据核字（2024）第 002055 号

文化名人的家国情怀

主　　编：刘　洋　张　勇

责任编辑：郑　彤
封面设计：高绍红
责任印制：王　芳

出版发行：文物出版社
社　　址：北京市东城区东直门内北小街 2 号楼
邮　　编：100007
网　　址：http：//www.wenwu.com
经　　销：新华书店
印　　刷：宝蕾元仁浩（天津）印刷有限公司
开　　本：710mm × 1000mm　1/16
印　　张：13.5
版　　次：2023 年 12 月第 1 版
印　　次：2023 年 12 月第 1 次印刷
书　　号：ISBN 978 - 7 - 5010 - 8324 - 4
定　　价：78.00 元

序

　　时钟不断敲响新的纪元，今天我们凭借智慧与胆识，创造了一项项奇迹，刷新了一个个记录，载人飞船的成功发射、中国航天员在太空迈出的第一步、以山东舰为代表的国产航空母舰的制造、5G 技术的全球领先，无不昭示着我们距离中华民族伟大复兴的梦想越来越近。但远逝的屈辱岁月依然清晰，过往的悲情历史依旧沉重，回首中国从站起来、富起来到强起来的艰辛历程，我们更加感动于革命先辈的历史抉择与无悔付出。

　　20 世纪前半叶，以李大钊、鲁迅等人为代表的中国最早觉醒的一代，怀着追求真理、救国救民的理想信念，以先驱者的胆识和勇气投身新文化运动和革命洪流，取得了巨大成就，谱写了一段段精彩的乐章。

　　"时穷节乃见，一一垂丹青"，回顾这些文化名人走过的道路，我们真切地感受到，他们用自己的实际行动，为我们树立了热爱党、热爱祖国、热爱人民的典范。书中讲述的一个个小故事，展现了这些文化名人深厚的家国情怀。

张勇

2021 年 9 月

目　录

铁肩担道义

——李大钊的革命生涯

刘　洋

　　李大钊，字守常，他是中国共产主义运动的先驱，伟大的马克思主义者，杰出的无产阶级革命家，中国共产党的主要创始人之一。

　　1889 年 10 月 29 日，李大钊出生于河北省乐亭县大黑坨村，1927 年 4 月 28 日，被奉系军阀秘密绞杀在北京西交民巷京师看守所后院，牺牲时年仅 38 岁。李大钊同志短暂而辉煌的一生，同马克思主义在中国传播的历史紧密相连，同中国共产党的早期历史紧密相连，同中国共产党领导的为中国人民谋幸福的历史紧密相连，李大钊为中国共产主义事业做出了巨大贡献。

一　少年立志　弃学归国

　　李大钊的老家乐亭县，位于渤海湾北部，北面与昌黎县、滦县交界。这里虽然水资源丰富，土质肥沃而且利于耕作，但因位于滦河下游，地处冀东平原，为水患频发之地，耕地经常被河水淹没而造成绝收，所以当地百姓仅靠农业耕作是无法维持正常生活的。当地乡亲大多选择去东北一带经商，民间更是有"十万老呔闯关东"的说法。因为许多当地人靠经商讨生活，所以当地人愈发认识到文化的重要性，大都能写会算，有一定的文化。

李大钊的亲爷爷叫李如珠，兄弟三人他排行居中，上有哥哥李如珍，下有弟弟李如璧。李大钊的大爷爷李如珍早年也曾闯关东，在长春等地经营商号，后因东北土匪横行，加之年岁大了，所以晚年返乡。他原本经商有所积攒，家境还算是富裕。回老家后，李如珍不仅购置近百亩田地，还亲自设计并修建了一座近千平方米的宅院。1881年他又翻盖旧宅，将新宅院命名为"鸳鸯居"，还给自己捐了个从九品的官衔。

俗话说"不孝有三，无后为大"，家境不错的李如珍，这辈子最大的遗憾就是有女无儿。1882年，按照当地习俗，李如珍过继了二弟李如珠的儿子李任荣为养子，来继承门户。李任荣写字漂亮在村里是出了名的，为人处事又知书达理。李任荣在15岁时，迎娶了外村走马府的周姓姑娘为妻，夫妻二人相敬如宾。可惜的是李任荣患有严重的肺病，不仅无药可以根治，还不能从事重体力劳动，只能好吃好喝地在家养身体。

1888年李任荣21岁时，唐山一带发生了大地震，波及乐亭。李大钊的长女李星华根据乐亭县志记载，在自己的文章里有如下描述："足足震了四五天，地都震裂了，顺着地缝往上翻黑水，翻了黑水又冒白沙，随后裂缝又合上了；震得东房檐和西房檐挤到一块，随后又分开了；许多房屋都坍塌了。"[1]

当时大哥李如珍和三弟李如璧合住在村西头的"鸳鸯居"，二弟李如珠住在村子东头。由于那次地震发生在夜里，李任荣从梦中惊醒后，担心生母因腿脚不便而遇到危险，便一口气跑到生母的住处。他进门一看，生母果然还没有出屋，便把生母背出屋子，跑回到"鸳鸯居"旁的老母庙。李任荣刚把母亲放下，就吐了一大口血。

---

[1] 李星华：《回忆我的父亲李大钊》，上海文艺出版社1981年版，第17页。

经过这次劳累和惊吓，李任荣的身体每况愈下，后又因为在华岩寺抄写碑文过于劳累，加重了病情，于1889年春季病逝了，此时夫人周氏已怀有身孕。半年后，在李任荣生前和妻子居住的屋子里，一个男婴呱呱坠地，这个遗腹子就是李大钊。更为不幸的是，李大钊还不到2岁，母亲周氏也因丈夫英年早逝、不堪精神上的重负与世长辞，抚养年幼的李大钊的重任，落到了已经60多岁的李如珍肩上。李如珍对李大钊的抚养可以说是殚精竭虑，不辞劳苦，正如李大钊在《狱中自述》中所言，"在襁褓中即失怙恃，既无兄弟，又鲜姊妹，为一垂老之祖父教养成人"①。

李如珍希望李大钊长大后能考取功名，走上仕途之路，光宗耀祖，所以从李大钊3岁起教其识字，待李大钊4岁时便教其书写。李大钊5岁时，就已经能够读《三字经》《百家姓》《千字文》等启蒙读物了。

李如珍对这个孙儿期许甚高，管教颇严，他不仅督促李大钊读书上进，还教育李大钊从小就要懂得做人的道理。他对李大钊说，读书是成就子弟的根本，但是有才还得有德，德才兼备才能成人。尽管李如珍把李大钊视为掌上明珠，但绝不溺爱。他要求李大钊早睡早起，洒扫应对，穿衣吃饭要节俭朴素；平时还教育李大钊坐有坐相、站有站相，时时处处都得有规矩。他不准李大钊打架骂人，也不准他与村中那些不务正业的人交往，还不准他做损人利己的事，更不准他进入赌钱场所。在大爷爷的影响和教育下，李大钊从小就勤学苦读、忠厚谦和、孝老尊贤、勤俭朴实。

李大钊7岁时，被李如珍送到谷家私塾的名师单子鳌那里。由于李如珍对李大钊的启蒙教育很早，所以一进入私塾，李大钊就越过了启蒙阶段的课程，直接和较大的孩子一起学习。

单子鳌从教40余年，后来他对自己的学生说："我教了一辈子书，有

---

① 《李大钊全集》第5卷，人民出版社2013年版，第297页。

一个最得意的学生，就是李大钊！他上学的名字是我给他起的，叫'耆年'，字'寿昌'，因为我喜欢他，才给他起这个名字，希望他能长寿。后来，他自己改名'大钊'，字'守常'。这个名字改得好，钊，勉励也，远也，大钊者，目标远大，自勉不止也，他立志要铲除人间不平之事，就要有远大的理想，不断地严格要求自己，有信心，有恒心，你们要努力读书，好好向李大钊学习。"①

三年后，单先生既高兴又惭愧地对李如珍说："耆年这孩子学业良好，进步很快，我已经教不了他了，您另请高明吧。"② 在李大钊的岳父赵文隆的帮助下，李如珍把李大钊送到小黑坨村，拜在张家专馆的赵辉斗门下。在此学习两年后，张家专馆又停办了。眼瞅着李大钊要辍学，赵辉斗也很着急，他有心培养李大钊，无奈年岁已高，于是他想到了自己在国子监读书时的校友，打算把李大钊送到乐亭县城北的井家坨村，投到正在举人宋教仁家的学馆教书的黄宝林门下。一开始宋举人并不同意，他觉得李大钊年龄较小，怕他插班后影响自家子弟学习，但天赋聪颖的李大钊以一篇名为《雪》的短文出奇过关，通过了面试和笔试。

进入宋家学馆后，李大钊学习更加勤奋，很快就在学馆的 20 多名学生中崭露头角，深得黄先生喜爱。黄宝林的女儿陈黄氏回忆道："李耆年念书念得特别好，品行端正，头脑聪明，他教过的学生中，李大钊是最好的一个。"在李大钊的学年鉴定中，黄宝林对李大钊的评价是："李耆年嗜读书手不释卷，博闻强记，品学兼优！"③

---

① 中共河北省委党史研究室、唐山市李大钊研究会编：《李大钊人格风范》，红旗出版社 1999 年版，第 68 页。
② 中共河北省委党史研究室、唐山市李大钊研究会编：《李大钊人格风范》，红旗出版社 1999 年版，第 67 页。
③ 中共河北省委党史研究室、唐山市李大钊研究会编：《李大钊人格风范》，红旗出版社 1999 年版，第 75 页。

1905 年，16 岁的李大钊通过县试和府试之后，原打算去永平府参加科举考试，恰逢此时科举制度被清政府废除，于是他进入永平府中学堂就读（图一）。永平府中学堂是一所新旧教育内容交织的学堂，不仅有传统的经学和文史课程，还有英文、数学、外国地理、外国历史和外国政治学这类"新学"科目，这就为李大钊接触现代科学知识、不久后报考更高一级学校准备了条件。年轻的李大钊不仅勤奋读书，每次考试都名

图一　在永平府中学读书时的李大钊

列前茅，他还开始思索救国之路："感于国势之危迫，急思深研政理，求得挽救民族、振奋国群之良策。"①

1907 年夏季，天津有三所学校招考：北洋军医学校、长芦银行专修所和北洋法政专门学校。受大爷爷李如珍的观念影响，李大钊没有选择去学军医。虽然他报考长芦银行专修所并被录取，但他认为，"理财致个人所富，亦殊违我素志"。李大钊认为，学习政治有助于救国，于是 1907 年 9 月，李大钊考入六年制的天津北洋法政专门学校（图二）。

在北洋法政专门学校，李大钊接受了系统的政法教育，他如饥似渴地阅读各种政治著作，接触了新学，并积极参加天津学界要求清政府开设国会、实行宪政的政治运动。他还把自己的宿舍题名为"筑声剑影楼"，决意用思想真理之剑刺破黑暗，寻求一条光明之路。

北洋法政学会刊物《言治》月刊出版后，李大钊在刊物上投稿的文章

---

① 《李大钊全集》第 5 卷，人民出版社 2013 年版，第 297 页。

图二　在北洋法政专门学校求学时的李大钊

数量最多，成为该刊最勤奋的撰稿人。《言治》月刊发行量最高时可以达到4000份，在天津当地小有名气。后来国内各报也转载《言治》月刊上的文章，李大钊的文章被转载得最多，因此他被推举为《言治》月刊的编辑部长。李大钊在《言治》月刊上发表《大哀篇》《隐忧篇》等文章，哀民之憔悴，忧国之不幸，揭露所谓共和体制下民权的丧失和人民的苦难。他的文章气势磅礴，见解深刻，与白坚武、张润之一起，被同学们推崇为"法政学校三杰"。

李大钊因在《言治》月刊的突出表现而被天津人孙洪伊器重，在北京《法言报》的工作中，他与孙洪伊有了更多的接触，孙洪伊遂将李大钊介绍给中华民国第一届国会的众议院议长汤化龙。汤化龙也十分赏识李大钊的才干，得知李大钊接到赴日留学邀请但经费没有着落时，孙、汤二人慷慨解囊，资助李大钊。在汤化龙、孙洪伊等人的资助之下，1913年，李大钊东渡日本留学，1914年9月，他考入早稻田大学政治学部（图三）。

1915年，日本政府向袁世凯提出了丧权辱国的"二十一条"，作为支持袁世凯复辟称帝的条件，留日学生群起反对。时任留日学生总会、文事委员会编辑主任的李大钊意识到，日本维新时代是走发展资本主义的道路，"然在今日谋中国民族之解放，已不能再用日本维新时代之政策"①。于是李大钊用几个昼夜撰写了《警告全国父老书》，呼吁全国人民一致反

---

① 《李大钊全集》第5卷，人民出版社2013年版，第298页。

图三 1914年2月李大钊在东京

抗日本帝国主义侵略，挽救民族危亡。他还组织"神州学会"，号召国人以破釜沉舟之决心反抗压迫。此时的李大钊已"留东三年"，但是他"益感再造中国之不可缓"，于是"值洪宪之变而归国"①。

二 传播马克思主义 创建党团组织

李大钊弃学归国后，汤化龙正准备在北京办一份报纸，遂邀请李大钊主持编辑工作。李大钊也希望借由办报来传播爱国主义思想，1916 年 7 月，他从上海启程北上，当月下旬到达北京，出任《晨钟报》编辑主任，

---

① 《李大钊全集》第 5 卷，人民出版社 2013 年版，第 297 页。

图四　担任《晨钟报》编辑
主任时的李大钊

从此开启了近十年的在京生活（图四）。李大钊在北京的这十年，是投身新文化运动的十年，是学习、研究、传播马克思主义的十年；是领导建立共产党早期组织和社会主义青年团，积极推动建立全国范围的共产党组织的十年；是领导北方工人运动，掀起中国工人运动第一次高潮的十年；是积极促成国共合作，建立民主联合战线的十年。李大钊用他的奋斗、探索和牺牲，谱写了生命的华彩乐章。

《晨钟报》于 1916 年 8 月 15 日创刊，李大钊写下发刊词《"晨钟"之使命——青春中华之创造》，意在唤起民族觉醒，号召青年"急起直追，勇往奋进"，进而"索我理想之中华，青春之中华"（图五）。

据 1927 年 5 月 23 日《中央日报》附属《中央副刊》（武汉）第 60 号记载："时汤化龙在沪，欲招纳人才为己助，并谓守常，誓欲十年在野，专司评政。因创《晨钟报》于北京，托守常与余为编辑。并谓言论绝对自由，不加干涉。"由此可知，汤化龙起初是想培养李大钊为己所用，所以他在聘用李大钊为《晨钟报》编辑主任时，曾许诺李大钊在该报上可以随意发表看法。但是李大钊利用该报宣传民主主义思想，介绍民主主义思想家，反对封建专制，揭露当时军阀、官僚与政客之间的钩心斗角，这些文章触动了实际把持《晨钟报》的研究系政客，其中就包括汤化龙。

工作不到一个月，汤化龙就让李大钊写文章攻击自己的政敌孙洪伊。事实上，李大钊与孙洪伊的相识早于汤化龙，与孙洪伊的私交更好，所以

图五　《晨钟报》编辑部同人在北京中央公园（今中山公园）合影，前排左起
第五人是李大钊

李大钊不肯用文章去攻击孙洪伊，但他的文章被人擅自删改，这也直接导致李大钊辞职。1916 年中秋节，李大钊赶回家乡与夫人和孩子团聚。

根据白坚武的日记，李大钊在乐亭老家住了些日子又返回北京。1916 年 9 月 7 日，李大钊移居到西单皮库胡同，随后高一涵也来同住，一直住到 1916 年冬。在此期间，没有工作的李大钊处境困难。但是据高一涵回忆，李大钊在失业时心安理得，天天读书和研究问题，绝不向艰苦境地低头。

随后李大钊在北洋法政学会的《宪法公言》刊物担任编辑。由于他在该刊物上发表文章，针砭时弊，抨击军阀统治，该刊物于 1917 年 1 月被政府勒令停刊。尽管如此，李大钊已经发表的《风俗》《国情》《青春》《民彝与政治》等文章，为学界和社会进步人士所熟知，他也成为新文化运动的领军人物。

1916 年蔡元培就任北京大学校长后，聘请章士钊担任逻辑学教授兼图书馆主任。章士钊找到李大钊和高一涵，想恢复刊发《甲寅》杂志。他们经过商议，最终决定将杂志改为日刊，以提高时效性。李大钊特别为《甲寅》日刊写了开篇语——《〈甲寅〉之新生命》，以庆祝刊物获得新生。为了专心从事撰稿、编辑工作，李大钊和高一涵搬到了当时朝阳门内南小街竹竿胡同一处僻静的宅院，同租一室。

张勋复辟事件以后，李大钊因抨击时政而被当局注意，7 月他避走上海。此后胡适搬入朝阳门内南小街竹竿胡同，与高一涵同住。李大钊 11 月中旬回京后，只得另租房屋。

当时的北大图书馆主任都是由教授兼职的。据章士钊回忆，他在北大担任逻辑学教授兼图书馆主任，是为了便于自己著述参考，但他醉心于政治，不能充分利用图书馆主任这个便利条件，又觉得李大钊在北大图书馆主任的岗位上，可以干得比自己更好，于是他向北大校长蔡元培建议，由李大钊接替他担任图书馆主任一职。蔡元培对李大钊早已有所了解，李大钊曾在《言治》季刊上发表过《美与高》一文，文中整段地引用了蔡元培的讲话。由于蔡元培和文科学长陈独秀的支持，此建议顺利通过。

1917 年 12 月，李大钊正式接替章士钊，担任北京大学图书馆主任一职（图六）。接手图书馆工作以后，李大钊力求改革，深筹伟划，并且得到了蔡元培的全力支持。李大钊不仅提出在学校财政预算案内添购图书费，还提出尽快修建图书馆。1918 年 10 月，北京大学利用比利时一家公司提供的借款，在学校的东操场建起"红楼"。图书馆随着校总部和北大文科迁入新建的红楼，称为"一院"；理科留在景山东街马神庙，称为"二院"；法科迁入北河沿大街 147 号，即现在的最高人民检察院所在地，称为"三院"。李大钊亲自主持了这次搬迁，红楼一层全部作为图书馆的

图六　担任北大图书馆主任时的李大钊　　　　图七　1918 年的李大钊

藏书室和阅览室使用，李大钊的办公室就设在红楼一层的东头（图七）。

　　在担任北京大学图书馆主任期间，为适应北京大学发展需要，李大钊从实际情况出发，对图书馆的管理体制和管理方式进行了全面改革。此前北大图书馆的借阅制度并不健全，藏书只进不出，李大钊任职后，完成了从封闭式的藏书楼向开放式的图书馆的根本性改变。

　　李大钊首先发布了《图书馆主任告白》，并制定了较为完善的图书借阅条例。针对图书数量不足，尤其是某些新设学科的图书数量偏少，他压缩了借书期限。同时规定，藏书量少的图书尽量不外借，只能在阅览室内查阅。为了方便读者，阅览室有针对性地分为公共阅览室和专题阅览室，并且延长了开放时间。针对归还时间不严格导致的图书借阅不便，李大钊协调长期借取大量图书的个人以及国史馆等研究所，让他们如期归还图书。针对有人借阅图书超期不还的情况，采取了罚金随超期延长而递增的办法，从而有效地改变了图书流通缓慢的状况。他还注重发挥图书馆在学校教育和社会教育方面的重要作用，提出了开办图书馆教育传习所的建议，并采取了增加副本、开架阅览等具体措施。

李大钊对图书馆管理的创新之处还在于，他号召个人将藏书寄存到学校图书馆，甚至向图书馆捐献书刊。李大钊身先士卒，率先向图书馆捐赠中外书刊数百册，通过这些办法，使馆内图书的数量不断增加。李大钊还非常注重外文图书的采购，直接向德国出版机构订购包括马克思主义著作在内的大量德文图书。据统计，1917 年 12 月至 1923 年 9 月期间，北京大学图书馆的藏书量猛增，中文书籍从 147190 册增长到 184008 册，外文书籍增加近 1.9 万册，从 9970 册增长到 28836 册，其中很大一部分是马克思主义理论书籍。

李大钊担任北京大学图书馆主任将近 5 年，直到 1922 年 12 月才正式辞去该职。北大图书馆对李大钊来说，有着双重意义。一方面，李大钊是北大图书馆的负责人，挑起了北大图书馆向现代化管理发展的重任，为北大师生的学习研究提供了良好的服务；另一方面，北大图书馆又是李大钊研究马克思主义、传播马克思主义的阵地。在这里，李大钊与陈独秀投身新文化运动，筹建北京的共产党早期组织，进而推动建立全国范围的共产党早期组织。"自后凡全国趋向民主之一举一动，从五四说起，几无不唯守常马首是瞻，何也？守常之强，其诚势之性感人深也。"[1]

李大钊在北京大学的图书馆主任办公室也称"饱无堂"，寓意"饱食终日，无所用心"，实际是表明无师生之别，没有客气和礼节的拘束，大家可以自由辩论，这里逐渐成为传播、研究马克思主义的中心。李大钊在传播马克思主义的同时，团结先进青年，引导他们确立对马克思主义的真诚信仰。很多早期共产党人都是受到李大钊影响而走上了革命道路。

1918 年 8 月 15 日，青年毛泽东为新民学会赴法勤工俭学之事，由长

---

[1] 章士钊：《李大钊先生传》序，宣文书店 1951 年版，第 4 页。

沙乘火车到北京，途中因铁路被大水冲断，延至 19 日晚 7 点才到达北京前门火车站，住在湘乡会馆 35 号，这是他第一次走出湖南的长途之旅。到北京后，毛泽东几经联系，才落实好勤工俭学事宜。大多数青年为了出国而补习法语，陆陆续续进了预备班，没有进预备班的人也考入北大预科。

毛泽东没有去法国，最终选择留在北京。为谋生计，通过北大哲学系杨昌济教授介绍，毛泽东在李大钊的帮助下，被安排到图书馆工作。《西行漫记》中记载了 1936 年毛泽东与美国记者埃德加·斯诺的谈话。毛泽东讲道："我从前在师范学校的伦理学教员杨昌济，这时是国立北京大学的教授。我请他帮助我找工作，他把我介绍给北大图书馆主任。他就是李大钊，后来成了中国共产党的一位创始人，被张作霖杀害。""我在李大钊手下在国立北京大学当图书馆助理员的时候，就迅速地朝着马克思主义的方向发展。"①

第一次世界大战结束后，国内外政治形势发生了变化。陈独秀、李大钊感到《新青年》作为出版周期较长的大型文化月刊，不能满足评论迫切的政治问题的需要。1918 年 11 月，陈独秀在文科学长办公室召集李大钊、高一涵、张申府等人会谈，提出编辑《每周评论》的想法。1918 年 12 月《每周评论》的创刊，这标志着新文化运动与现实政治斗争的密切结合。

1919 年 7 月，胡适在《每周评论》第 31 期发表《多研究些问题，少谈些"主义"》一文。随后，李大钊在《每周评论》第 35 期发表《再论问题与主义》一文。李大钊指出，问题与主义是不可分割的关系，"我们的社会运动，一方面固然要研究实际问题，一方面也要宣传理想的主义"。针对胡适反对根本解决的观点，李大钊指出："必须有一个根本的解决，才有把一个一个的具体问题都解决了的希望。"这场问题与主义之争，实

---

① ［美］埃德加·斯诺:《西行漫记》（原名《红星照耀中国》），董乐山译，生活·读书·新知三联书店，1979 年，第 127、132 页。

际上是一次中国需不需要马克思主义、需不需要革命的论争。在这场论争中，李大钊论证马克思主义适合中国的需要，阐述了对中国社会进行一次彻底革命的必要性，捍卫了马克思主义。这对于扩大马克思主义的影响，推动人们进一步探索如何改造中国起了积极的作用。

从 1917 年开始，迎着北来的"春风"，李大钊撰写了大量文章，传播马克思主义，先后发表《法俄革命之比较观》《庶民的胜利》《布尔什维主义的胜利》等文章。1919 年，李大钊在《新青年》上发表《我的马克思主义观》，全文共 26000 多字，这是我国系统介绍马克思主义基本原理的开山之作。文中提到唯物史观、经济学说、社会主义理论，并指出："这三部理论，都有不可分的关系，而阶级竞争说恰如一条金线，把这三大原理从根本上联络起来。"[①]

李大钊还是"少年中国学会"的主要发起人之一（图八）。该学会的宗旨是"本科学的精神，为社会的活动，以创造少年中国"，在五四运动时期的青年社团中，它是会员最多、历史最长、影响最为深远的学会。《少年中国》杂志是学会的机关刊物。李大钊因为善于编辑工作，在少年中国学会发起时，大家就推举他担任临时编辑部主任。

1920 年，李大钊在北京大学发起组织马克思学说研究会，这是我国第一个集学习、研究、宣传马克思主义于一体的进步组织。先后参加的有邓中夏、罗章龙、黄日葵、高君宇、何孟雄等人。该组织以研究马克思学派的著述为目的，活动主要有四项。一是收集德、英、法、日、中文各种马克思学说的图书，他们 19 人筹集了 120 元购书费，买了德、英、法三种文字的马克思全集；二是讨论会；三是讲演会；四是将德、英、法、日文的马克思学说翻译成中文，便于国人研究学习。

---

① 《李大钊全集》第 3 卷，人民出版社 2013 年版，第 5 页。

图八　少年中国学会成立一周年时，北京部分会员在岳云别墅合影，右三为李大钊

　　李大钊在北京大学成立马克思学说研究会，得到了校长蔡元培的首肯，不但在《北大日刊》刊登了成立启事，成立会还是蔡元培校长批准后在校会议厅举行的。蔡元培到会讲了几句话，并在北大西斋离校长室不远的地方给了两间房，作为研究会的活动场所，一间当办公室，一间当图书室。这间图书室就是"亢慕义斋"，专门收集中文、外文的马克思主义资料以供学习和研究。虽然此处有学校警卫站岗，闲杂人等不得入内，但在校内是公开的。李大钊在一段时间内常常到这里工作，和大家一起朗诵诗歌。

　　"亢慕义斋"是由外文"共产主义小室"翻译而来，对内习惯用"亢慕义斋"或者"亢斋"称呼，地点设在北京景山东街 2 号（即马神庙）。亢慕义斋室内墙壁正中悬挂马克思像，像的两边贴有一副对联："出研究室入监狱，南方兼有北方强。"还有两个口号："不破不立，不立不破。"不仅屋内四壁贴着富有革命气息的诗歌、箴言、格言，所有图书都盖上了"亢慕义斋"的戳记。这些书大都是会员之间传看的德文、英文、俄文、日文等多种文字的马克思、恩格斯的著作。为了进一步推广马克思主义著作，李大钊组织那些有志于研究马克思主义的青年，带领大家将亢慕义斋变成了中国第一个马克思书刊的翻译室，下设英文、德文、法文三个翻译组，力求认真、准确地翻译马克思、恩格斯等人的著作。到 1922 年 4 月，"亢慕义斋"已有英文书籍数百册，报刊上百种，这是中国最早的马克思主义专题图书室。

1921 年 3 月 22 日，马克思学说研究会转为公开活动，登出了活动启事，会员很快发展到全国，很多地方成立了分会。研究会开设唯物史观、阶级斗争、剩余价值等 10 个课题，会员自愿结成小组，研究课题。通过有组织的活动，会员们加深了对马克思主义的了解，并产生了进一步组织起来的强烈要求。该会的许多会员后来加入中国共产党和共青团，为北京和北方地区的党组织创建做了思想和组织上的准备。

1917 年李大钊受聘北京大学图书馆主任后，生活较以前有所改善，便打算把远在老家的妻子和孩子接到北京同住，于是租下了宣武门附近的回回营 2 号。赵纫兰跟随李大钊到北京居住，惊动了李大钊在北京的许多朋友，回回营 2 号这处住宅就是李大钊的友人帮助联系的。在天津上学时与李大钊共同主编《言治》月刊的郁嶷，这时早已在北京定居，他还曾让夫人到车站迎接赵纫兰。

关于来京居住的时间，李大钊长子李葆华回忆道："1918 年 7、8 月间，我们全家离开渤海之滨的故乡——河北乐亭大黑坨村，随父亲来到北京。那时候，父亲在北京大学图书馆工作。"[①] "1918 年暑假结束后，父亲李大钊

---

① 李葆华：《回忆李大钊》，人民出版社 1980 年版，第 11 页。

由五峰山避暑归来,带母亲和我与星华到北京,在回回营新安了家。"①
1920 年初,李大钊次女李炎华出生了,李大钊此时已是 3 个孩子的父亲,
租住的回回营 2 号就显得有些拥挤不堪。

白眉初是在永平府首城卢龙久居的满人,年长李大钊 13 岁,自两人在
天津结为忘年交后亲如手足。白夫人是离乐亭不远的滦州倴城人,性格开
朗,热情和善。李大钊见白眉初教授常从天津赶到北京女子高等师范上课,来
回奔波异常辛苦,便劝白眉初把回回营 2 号的住宅买下来,自己则另寻住处。

李大钊有个同乡叫黄裕培,字鲁沂,他们早在北洋法政专门学校上学
时就是同窗挚友,两人甚至以兄弟相称。李大钊在《狱中自述》中写道:
"钊在该校肄业六年,均系自费。我家贫,只有薄田数十亩。"② 黄裕培家
却是旺门大户,家里不仅经营农业买卖,还经营着药店等多处商号,因其
家里经济条件不错,所以在李大钊生活拮据的时候,他还给予帮助。1913
年二人从天津北洋法政专门学校毕业后,黄裕培经常和李大钊等思想进步
的同学在一起,思想上也倾向革命,逐渐淡漠家里的买卖。他主动向家里
表明,家中财产分文不取,自己留在北京谋取适当职业。

黄裕培的夫人叫马实华,满族人。她的家族在北京是比较有名的读书
世家,是清朝贵族后裔。马实华从北京女子高等师范学校肄业后并未从
教,在家专攻笔墨丹青,擅长工笔重彩。李大钊租住的石驸马后宅 35 号,
本来是马实华父母的家产。黄裕培对其终身大事态度谨慎,虽然与马实华
志趣相投,但相处三年迟迟未做最后决定。李大钊担任《晨钟报》编辑期
间,黄裕培特意安排马实华与其相见,得到李大钊的肯定后,黄裕培才确
定了和马实华的终身大事。李大钊还以证婚人的身份,参加了黄裕培和马

---

① 李葆华:《回忆父亲李大钊》,唐山方科电子有限公司 1999 年版,第 5 页。
② 《李大钊全集》第 5 卷,人民出版社 2013 年版,第 297 页。

实华的婚礼。黄裕培和马实华结婚后，就住在石驸马后宅 35 号。

黄裕培得知李大钊将回回营的住所让给白眉初，又想接家人到北京共同生活后，便和马实华商量，搬到了小口袋胡同，将石驸马后宅 35 号租给了李大钊。李大钊为李葆华、李星华安排好上学的事情后，暑假后便回老家，把家人接来此院长住，从此在北京有了稳定的家庭生活。

1920 年春，李大钊搬入在北京的第四处住所——石驸马后宅 35 号。石驸马大街因明宣宗顺德公主与丈夫石璟的府邸而得名。石驸马后宅 35 号为民国时期的民宅，质朴宁静。这个小院有北房 3 间、东西耳房各 2 间、东西厢房各 3 间，共计 13 间。因为小院没有南房，不成四合院规格，而且入院由北门进入，故被称为"倒座三合院"。除了正房是起脊式建筑外，厢房及耳房都是平顶建筑。进院以后先下台阶，为民间所称的"三级跳坑"（图九）。

图九　李大钊在石驸马后宅 35 号的住所

李大钊作为北大教授兼图书馆主任，社会地位很高，收入也很高，北大还为李大钊配有一部电话，当时北京电话分为东西两局，西局 2257 就是李大钊家的电话号码。尽管李大钊家有电话，但那个年代电话还是稀罕物件，与读者、学生交流主要还是靠书信往来。李大钊将其搬到石驸马后宅 35 号的消息以广告形式刊登在《少年中国》第 2 卷第 4 期上，这成为李大钊在此居住的最好证据。

1920 年 7 月 8 日，北京大学评议会全体通过议定：李大钊为教授兼图书馆主任。这一时期，李大钊在北京大学的工作开始从图书馆向教学转移。李大钊不仅在北京大学政治学系、史学系任教，还在朝阳大学、北京女子高等师范学校、北京高等师范学校、中国大学这四所大学兼职任教。先后开设多门新课程，有唯物史观、史学思想史、史学要论、社会主义与社会运动、女权运动史等，并开设现代政治讲座，宣传马克思主义。在石驸马后宅 35 号居住期间，李大钊还应邀到外地讲学，宣传社会主义思想，足迹遍及上海、武汉、天津等地。这些演讲的文字稿在当地的报纸刊出之后，反响强烈。

五四运动后，陈独秀、李大钊共同起草了《北京市民宣言》的传单，胡适翻译成英文。1919 年 6 月 11 日晚，陈独秀和李大钊分别到天桥城南游艺园和新世界发放《北京市民宣言》。那天"陈独秀着白帽西服，衣兜涨满，勇敢机敏地和两个同行者，一起走近新世界场内便环顾四周，相互交换眼色后，楼上楼下跑个不停"①。当晚十点，下层露台正在放映露天电影，陈独秀趁周围既没有游人也没有光照，把手中的传单撒了下去，顿时引起楼下看电影人群的骚动。其实陈独秀一出现在新世界屋顶花园就引起了特务的注意，所以当他准备再次散发时，就被蹲守的侦缉队逮捕了。因

---

① 陈利明：《陈独秀传》，团结出版社 2011 年版，第 85 页。

为新世界处于闹事繁华地带，为避免引起公众注意，五名密探将陈独秀双手绑缚，用一条灰布长衫罩住，秘密押往外右五区警署。当晚军警包围箭杆胡同 9 号陈独秀住宅，搜走很多信件。李大钊得知后非常着急，立即找学生罗章龙等设法施救。当局迫于北京大学、中国大学等校的知名学者和舆论的压力，9 月中旬释放了蹲了 90 多天监狱的陈独秀，李大钊为此还专门写诗《欢迎陈独秀出狱》。

陈独秀虽然被释放了，仍然处于被监视状态，在京的行动也受约束，警察局禁止他擅自离京，每月都要填写《受豫戒令者月记表》。1920 年 1 月底，陈独秀应友人筹办西南大学之邀前往上海，之后于 2 月 4 日受文华大学之邀，乘坐轮船到了武昌。陈独秀在武汉的演讲措辞激烈，见诸报端，消息很快传到北京。警察发现陈独秀擅自离京后紧急出动，围在陈独秀家门口，打算将其重新逮捕。陈独秀从武汉讲学回到北京，也察觉到有警察跟踪。李大钊派人从火车站把陈独秀接到北大教授王星拱家中暂避。高一涵和李大钊商量如何保护陈独秀出京，李大钊自愿护送。

当时正值阴历年底，北京一带的生意人前往各地收账。为了能让陈独秀安全离京，大家让陈独秀头戴毡帽，穿上王星拱家厨子的油花花的背心，"他们扮作商人，带了账簿，套一辆骡车，守常坐在外面，陈独秀坐在里面"[1]。因为陈独秀北方话说得不好，沿途遇到军警检查和住店交涉，都是李大钊出面对付。为了迷惑敌人，他们还特意先往乐亭老家方向走，然后折道护送陈独秀到天津，而后购买了外国船票，让陈独秀坐船前往上海。在北京至天津的途中，两人分析了中国当时的国情，交换了建党的意见，这也成为"南陈北李，相约建党"的开始。

1920 年 4 月，经共产国际批准，俄共远东局海参崴分局外国处派全权

---

① 高一涵：《回忆五四时期的李大钊同志》，人民出版社 1980 年版，第 166 页。

代表维经斯基来华，了解五四运动以后中国革命运动发展的情况。维经斯基一行人先到北京会见李大钊，经李大钊介绍，又到上海会见陈独秀。经过考察，维经斯基认为，在中国建立共产党的条件已经成熟。李大钊送别维经斯基时说："我们这些人只是几颗革命的种子，以后要好好工作，把种子栽培起来，将来是一定会有收获的。"①

1920 年 8 月，陈独秀在上海建立了中国共产党早期组织。同年 10 月，李大钊领导张申府、张国焘、罗章龙、刘仁静、邓中夏、高君宇、范鸿劼、何孟雄、张太雷、缪伯英等，成立了北京的共产党早期组织，其中很多活动是在李大钊的石驸马后宅 35 号住所进行的。北京的共产党早期组织成立以后，发展很快，成员到各地活动，对北方党团组织的建立起过促进作用。

1921 年 3 月，李大钊发表《团体的训练与革新的事业》一文，指出："我们现在还要急急组织一个团体。这个团体不是政客组织的政党，也不是中产阶级的民主党，乃是平民的劳动家的政党，即是社会主义团体。中国谈各种社会主义的都有人了，最近谈 Communism 的也不少了，但是还没有强固精密的组织产生出来。""成立一个强固精密的组织，并注意促进其份子之团体的训练，那么中国彻底的大改革，或者有所附托！"②

1921 年 7 月 23 日，中国共产党第一次全国代表大会在上海开幕，李大钊因在北京领导国立高校教职员索薪斗争，未能参加这次重要的会议。

从 1921 年初开始，北京教育部连续 3 个月拖欠各校经费，很多教职员因为领不到工资，家庭生活都受到了影响。3 月中旬，北京大学召开教职员大会，会议决定全体罢教，李大钊是这次大会决议的执行人。随后，工

---

① 参见《共产国际、联共（布）与中国革命文献资料选辑（1917—1925）》，北京图书馆出版社 1997 年版，第 109 页。

② 《李大钊全集》第 3 卷，人民出版社 2013 年版，第 350 页。

业专门、农业专门、法政专门、医学专门、高等师范、女子高等师范、美术专门这七所国立学校的教职员相继加入罢教行列。八校教职员的行动也得到了各校学生和校长的支持，北京中小学教职员和学生也举行罢课，对八校教职员的斗争予以声援。5 月下旬至 6 月初，北京各中小学开始罢课。随后，八校教职员数十人到教育部的门前静坐，也有学生代表到国务院请愿。

1921 年 6 月 2 日黄昏，李大钊一家围坐在八仙桌前正要吃饭，夫人赵纫兰又念叨起八校欠薪的事情。政府月月欠薪，李大钊每月发的薪水本来就不多，还不能全部拿来补贴家用，家里都快揭不开锅了。李大钊看着桌上摆的那盘臭咸鱼和每人面前那碗高粱米粥，对大家说："我们要是老有这样的饭菜吃，太叫人满足了。你还不知道呢，大学里的职员们，每月收入那点点薪水，哪儿够一家老小充饥呀。现在军阀把持政权，尽想争地盘，哪里还顾得上教育经费！职员们现在恐怕连口稀粥也喝不上了！"听完李大钊这番话，一家人闷闷地吃了晚饭。刚吃完饭，李大钊便接到一个电话，索薪团已经准备好请愿书，第二天就要去教育部请愿，甚至为了抗争，要把请愿变成示威。

6 月 3 日下午，包括李大钊在内的八校教职员索薪团派了 30 个代表，在西城美术学校集合，然后去教育部交涉。同时，北京市十余所学校的学生四五百人也冒雨到教育部门前请愿。众人邀请代理主持教育部工作的教育次长马邻翼一同到新华门总统府请愿。当时总统徐世昌正在召开国务会议，拒绝会见代表，索薪团只好把事先写好的请愿书递进去。请愿书内写有讥讽徐世昌的内容："徐大总统，你自己本来就是无耻，还有脸面提倡什么四存，这就更无耻了！"这令徐世昌非常恼火，总理靳云鹏看过请愿书后，下令强行驱散各校代表，很多代表都受了伤。

3 日下午，李葆华和李星华回到家，发现母亲坐立不安，他们担心父亲受伤，就跑到石驸马后宅东口去接父亲，但始终未见李大钊回来。回到家后，他们看到八仙桌旁的椅子上坐了一位客人。客人说李大钊见卫兵行凶，就冲了上去，脑门被枪刺戳破了，好在伤势不重。众人想把李大钊拉回来，李大钊不但不依，反而在新华门慷慨激昂地演说起来，说到最激动的时候，没留神脚下一滑跌倒，晕了过去，随后被送到总统府对面顺治门里的首善医院。

第二天，没等家人去医院接李大钊出院，李大钊便头缠绷带走回家来。正如那位客人所说，李大钊看到卫兵对请愿团动手，带队的马叙伦左眼角被打得鲜血直流，立刻挺身而出，向在场群众揭露反动政府的卑鄙行径，一激动就倒在总统府门前的影壁下，什么也不知道了。此时有人前来送信，说政府要逮捕请愿首领，劝李大钊去东交民巷的法国医院暂避一阵。但李大钊不肯去避风，反而要当面和他们说说理，痛痛快快地骂他们一顿。随后他便夹起黑色大皮包，去女高师上课了。

这次的索薪斗争终于以教育界获得胜利而告终。调停交涉期间，李大钊因为肩负着联络教职员和学生的工作而无法分身，所以没能出席中国共产党第一次全国代表大会。

三　实践马克思主义　建立民主联合战线

党团组织建立后，工作就有了明确的方向。1921 年 1 月，位于北京南郊长辛店镇的长辛店劳动补习学校正式开学，学校从提高工人的文化程度入手，进而开展马克思主义的普及宣传工作，启发工人觉悟，培养了北方铁路工人运动的第一批革命骨干。这所学校分为日校和夜校两部分，其中日校招收工人子弟入学，工人则在夜校学习。李大钊对办校事宜进行指导，并且经常去学校视察或讲课。李大钊创办的指导中国早期工人运动的刊物《工人周刊》，也于 1921 年 7 月创刊，介绍工人运动的状况和经验，启迪工人的阶级觉悟，推动工人运动。

1922年7月16日至23日，中国共产党第二次全国代表大会在上海召开，通过了九个决议案，包括《关于"民主的联合战线"的议决案》。中共二大后，李大钊出席了党在杭州西湖召开的中共中央特别会议。李大钊从国民革命大局出发，主张超越党派利益分歧。1922年8月底，受党的委托，李大钊从杭州到上海，与孙中山进行首次会见，具体讨论振兴国民党以及振兴中国之问题。

中共三大原则上确定了与孙中山领导的国民党建立联合战线的方针，决定共产党员以个人身份加入国民党。在这期间，李大钊往返于北京、上海、广州，同孙中山进行会谈，商谈国共两党的合作问题。孙中山曾与之长谈，李大钊对时局的看法甚得孙中山赏识。李大钊在《狱中自述》中回忆道："先生与我等畅谈不倦，几乎忘食，遂由先生亲自主盟介绍我入国民党。"[1] 经张继介绍，孙中山"亲自主盟"，李大钊加入国民党，成为中国共产党的第一个跨党党员。

1923年10月19日，孙中山写信，请李大钊到上海共商国是，委以参加国民党改组的重任，起草《中国国民党改组宣言》。1924年1月20日至30日，中国国民党第一次全国代表大会（简称"国民党一大"）在广州召开，李大钊被孙中山指定为国民党一大的五人主席团成员之一。李大钊不但是大会主席团成员，还担任了预算委员会、宣言审查委员会、章程审查委员会、宣传问题审查委员会的委员，成为此次大会职务最多的一位代表。

在国民党一大上，李大钊针对国民党内一些右派竭力反对共产党"跨党"，在会上发表了讲话，并印发了《意见书》。他在《意见书》中指出："我们之加入本党，是为有所贡献于本党，以贡献于国民革命的事业，是光明正大的行

---

[1] 《李大钊全集》第5卷，人民出版社2013年版，第299页。

为，任何猜疑郡防制实为本党发展前途的障害，应明揭而扫除之。"①

从 1923 年去武汉讲《唯物史观》课程，到 1924 年 1 月赴广州参加国民党一大，李大钊常年不在家，赵纫兰和孩子们在石驸马后宅 35 号居住期间，不断受到敌人的骚扰，发生了长子李葆华被打、疯狗入院伤人、家里进贼报警被置之不理、夜间房顶有人走动等一系列事件。年关将至，赵纫兰的弟弟赵晓峰要回老家陪母亲过年，但是李大钊返京日期未定，家里只有不到 15 岁的李葆华和不到 2 岁的李光华两个男孩，这让赵纫兰十分不安。于是赵晓峰赶紧帮赵纫兰找了一处宅子，一家人匆匆搬到铜幌子胡同甲 3 号去了。李大钊是接到家信后才得知搬家的消息，所以李大钊从广州开完国民党一大回京，从火车站直接坐着黄包车去了铜幌子胡同甲 3 号的新住所。

一到铜幌子胡同甲 3 号新住所的门口，李大钊就发现了斜对门的小酒铺，觉得它很可能是侦缉队的监视点。20 世纪 50 年代，公安部门逮捕了当年一个专门侦查李大钊行踪的暗探——刘德林。正如当年李大钊怀疑的那样，刘德林接受侦缉队第五队的命令，化装成一个闲散的酒徒，整天在酒铺里喝酒闲唠，监视李大钊的行踪。而且刘德林是从石驸马后宅 35 号跟过来的，甚至一直监视到李大钊一家搬到邱祖胡同的住所。

国民党一大之后，李大钊任国民党北京执行部组织部长。此时的李大钊是共产党和国民党两党在中国北方的实际负责人。到国民党二大前夕，所辖京、直、鲁、豫、热、察、绥、奉、吉、黑、内、哈、晋、新等省区，国民党党员已发展到 1.4 万人。国民党北京执行部原设在东城区织染局胡同 29 号，后来迁至翠花胡同 8 号，为北方地区中国共产党和国民党合作提供了重要的组织保证。

国共两党在北京的活动引起了直系军阀政府的注意。1924 年 5 月 20

---

① 《李大钊全集》第 4 卷，人民出版社 2013 年版，第 508 页。

日下午，李大钊匆匆找到张国焘，告诉他已得到内情，当局拟定了一份一百多人的逮捕名单，第一名是李石曾，第二名是李大钊，第三名就是张国焘。李大钊让张国焘赶紧躲起来。张国焘先到铁路总工会的秘密办公处，通知工作人员清理文件，然后回到达教胡同，当晚在其住所被捕。经过侦缉处和军法处审讯，张国焘不仅承认了自己的身份，而且供出一大批人名。李大钊得知张国焘被捕后，带李葆华紧急避走五峰山。在他和葆华离京的当晚，铜幌子胡同甲3号也遭到军警的搜查。所幸此时北京党团的负责人都已先后离京，赵纫兰见北京再也无法留居，就带着星华、炎华和光华回了大黑坨老家。

赵纫兰带着孩子回到了大黑坨后，军警又尾随而来，幸好被乡亲们支应过去。过了20多天，党组织派人到大黑坨寻找李大钊，通知他赶赴莫斯科，出席共产国际第五次代表大会。1924年6月，中共中央委任李大钊为中共代表团团长，出席共产国际五大。李大钊将介绍信缝在衣袖内，率领代表团顺利到达莫斯科。其间李大钊以"琴华"为名，对《消息报》记者谈中国内战。他还接受《莫斯科工人报》记者的采访，参加"不许干涉中国大会"并且发表演说，以大量事实揭露帝国主义对中国的侵略，阐述了中国共产党民族革命运动的领导和发展。会后，李大钊受命留在莫斯科，任中共驻共产国际代表，直至年底才回国（图一〇）。

1925年至1926年，李大钊深入农

图一〇　1924年出席共产国际
五大时的李大钊

村调查研究,写下《土地与农民》一文。怎样才把农民组织起来呢?李大钊认为,乡村中开展农民运动的人们,第一要紧的工作就是唤起平民阶级,组织农民协会。农民协会是农民最早的组织,最早的革命力量,李大钊派人到各地成立农民协会,到1925年6月,北方的农民协会人数已达28万人,给封建地主和军阀统治以沉重打击。毛泽东读到李大钊的《土地与农民》后深受启发,他在广州举办农民运动讲习所时,就将《土地与农民》作为教材。李大钊关于农民问题的理论,是中国共产党早期革命实践的科学总结。

为了扩大统一战线,李大钊积极争取冯玉祥将军,并且支持孙中山北上,推动国民会议召开,策应国民革命军北伐。在中国共产党的帮助下,冯玉祥于1926年9月在绥远五原誓师,参加国民革命,并在李大钊的建议下,制定了"固甘援陕,联晋图豫"的战略方针,继而率部队参加了北伐战争。

四 不幸被捕 英勇就义

1926年3月初,奉军用军舰运送军队在天津大沽口登陆,与冯玉祥的国民军作战,国民军封锁了港口。3月12日,两艘日本军舰驶入大沽口,后面跟随着数艘奉系军舰。国民军发觉后,立即以旗语制止,并发空炮警告。蓄意挑衅的日本军舰突然炮击大沽口,炸死炸伤国民军官兵多人。事后,日本又纠集英、美、法、德等八国公使,以《辛丑条约》为名,提出最后通牒,蛮横要求国民军撤防,限48小时内答复。

中共北方区委决定开展群众性反帝斗争,举行反帝游行示威。3月18日,在中共北方区委和李大钊的领导下,北京各界一万多名群众齐聚天安门,反对八国最后通牒国民大会。会后两千多人到段祺瑞政府门前请愿,手无寸铁的请愿群众遭到军警开枪镇压,造成47人遇难、199人负伤、60

余人失踪，史称"三一八惨案"。李大钊也因此登上了段祺瑞政府的通缉令，段祺瑞以"假借共产学说，啸聚群众，屡肇事端"的罪名通缉李大钊。在白色恐怖的氛围下，李大钊不便在公开场合露面了。1926年3月底，中共北方区委机关和国民党北京特别市委党部机关，迁至东交民巷苏联大使馆西院的旧兵营。

在直系、奉系军阀的联合进攻下，冯玉祥的国民军败退南口，奉系军阀张作霖率领安国军占领北京，当上了安国军总司令。张作霖占领北京后，加紧对国共两党革命者进行迫害。他在北京城张贴告示，声称"宣传赤化，主张共产，不分首从，一律死刑"。当时进步报纸的主编如《京报》主笔邵飘萍、《社会日报》主笔林白水等，先后被抓捕并杀害。

1926年7月，国民革命军挥师北伐，势如破竹。张作霖一方面加强军备，抵抗北伐军的进攻；另一方面加紧剿灭国共两党在北方的领导机关，企图在北伐军到来之前掐灭北方的革命火种。李大钊作为国共两党的北方负责人，作为与冯玉祥部队和南方国民政府的重要联系人，自然被列为张作霖的重点抓捕对象。

在东交民巷苏联使馆东边，隔着御河就是日本使馆，站岗的日本卫兵最早注意到，有中国人频繁出入苏联使馆。苏联使馆的西边毗邻一家法国医院，这家医院的工作人员听到隔壁俄国兵营的院子里，有人深更半夜讲话和出入。法、日使馆遂向北洋政府"举报"，日本、法国使馆还与北洋政府共同监视李大钊的活动。奉系军阀派暗探化装打入内部，侦察主要领导人所住的房间号码，并绘制成图。李大钊的家中曾经混进一个杂工，到住宿处乱看，家人发现后将其打发走了，但后来证实，那就是反动政府派来的暗探。确认李大钊和国共两党领导机关迁入苏联大使馆之后，北洋政府即派京师警察厅侦缉队严密监视。之后苏联大使馆的门口总是停放着几辆洋车，洋车工都是密探伪装的，苏联大使馆有人出来就被跟踪，直至逮捕。在李大钊身边负责交通工作的地下党员阎振山和厨师张全印，就是这样被特务秘密逮捕的。

1927 年 4 月 4 日清晨，奉安国军总司令张作霖之命，安国军总司令部外交处长吴晋专程拜访外国驻华使团首席公使——荷兰公使欧登科，说服他同意缉拿东交民巷使馆区内的革命者。欧登科当即召集各国公使举行会议，讨论是否同意北洋政府军警进入东交民巷使馆区。当时，欧美帝国主义国家对中国革命的迅猛发展十分不安，出于对中国革命的恐惧和对苏联的敌意，他们一致同意，准许中国军警进入使馆区对苏联使馆进行搜查。

4 月 4 日夜，杨度得知张作霖决定进入东交民巷搜查苏联使馆兵营的消息后，当即设法通知李大钊。当时正在北京大学教书的沈尹默，也匆匆赶到孔德中学，悄悄把正在听课的李葆华叫了出来，神色凝重地跟李葆华说："转告你的父亲，要他一定加倍小心，张作霖这个红胡子是杀人不眨眼的啊！"李葆华回到家中，向父亲转告了沈尹默的话。李大钊听后平静地对儿子说："你再见到沈叔叔时告诉他，谢谢他的关心。要离开北京并不难，就是工作离不开，我是不会走的。"中共中央也曾通知李大钊等人去武汉成立中央分局，但他当时常说的一句话就是："我不能走，我走了，北京的事谁来做呢？"虽然李大钊相信东交民巷享有治外法权，但也意识到了危险。他设法送走一大批同志，留下来的都是自愿不走的，同时做了焚毁机密文件、练习打枪等一系列的应变准备。

1927 年 4 月 6 日上午 7 时 30 分，京师警察厅总监陈兴亚率领身佩红线为记号的警察、宪兵、便衣侦探、消防队员 300 多人，实施了逮捕行动。为了避免引起外交纠纷，执行"四六大逮捕"的军警一律身着便衣，并且没有携带武器。为了防止革命党人焚毁文件、消灭证据，军警队还配备了一些携带灭火器的消防队员，进入东交民巷。10 时 20 分，欧登科签字，大批军警进入苏联大使馆旧兵营国共两党的办公场所。枪声响起时，李大钊正在里屋伏案办公，大女儿星华坐在外间的长木椅上看报，赵纫兰带着小女儿炎华在院内散步。听到尖厉的枪声，星华惊吓得扔下报纸，扑进父亲怀中。李大钊镇定自若，安慰女儿说："没有什么，不要怕。"他拉着女儿的手，走进兵营北楼二层东边的一个僻静房间，坐在一张椅子上，把女儿揽在身边……大逮捕一直进行到晚上9时许，李大钊一家、北京地区国共两党工作人员及苏方人员共计80余人一同被捕，并搜去大批文件。由于事发突然，国共两党北方领导机关的一些秘密文件没有来得及销毁，事后这些文件成了李大钊的罪证。

李大钊被捕的当天晚上，外国驻华使团首席公使欧登科发表了一份早已拟好的声明，大意是说，因为苏联革命后自行废除不平等条约，所以苏联使馆不受《辛丑条约》保护，故公使团无法制止中国军警搜查其在东交民巷区域内所设立之机关。

李大钊被捕后，社会各界人士曾设法营救李大钊。北京教育界、学术界、政治界等社会人士纷纷呼吁，要求将李大钊案移交法庭办理。据《世界日报》报道，李大钊被捕当天晚上，北京国立九校校长召开会议，讨论营救方法，并准备派代表向当局陈述意见。4月9日，北京国立九校委派的代表拜访张学良，提出"李大钊系文人，请交法庭依法审讯"，并要求释放其妻子女儿。4月12日，北京25所大学校长召开会议，决定发表书面声明，"希望奉方取宽大主义，一并移交法庭办理"。

李大钊在狱中没有一句有损党的荣誉、有损革命利益的"供词"，他没有向敌人泄露党的任何机密，立场坚定，坚贞不渝，反而利用自己国民党党员的身份，保守了党的机密，掩护了同志。李大钊在狱中写就《狱中自述》，讲述了自己的坚定信仰和伟大抱负，宣传了反对帝国主义、改造国家的革命主张。他写道："钊自束发受书，即矢志努力于民族解放之事业，实践其所信，励行其所知，为功为罪，所不暇计。今既被逮，惟有直言。倘因此而重获罪戾，则钊实当负其全则。惟望当局对于此等爱国青年宽大处理，不事株连，则钊感且不尽矣!"①

1927年4月28日上午10点，奉系军阀与帝国主义在华公使团相勾结，特别法庭在京师警察厅突然开庭，草草审理了70分钟，便判处李大钊以及同时被捕的国民党北方党部负责人等20人绞刑，立即执行。下午1时许，刽子手将李大钊绞杀在西交民巷京师看守所后院，李大钊牺牲时，年仅38岁（图一一）。

图一一　1927年4月28日就义前的李大钊

① 《李大钊全集》第5卷，人民出版社2013年版，第301页。

五　精神永存　光照千秋

李大钊牺牲后，家里的生活惨状引起报纸的普遍关注。《晨报》《京报》《东方时报》等纷纷报道，就连日本人主办的《顺天时报》都撰文说，"李大钊平昔不事储蓄，身后极为萧条"，李宅"空无家具，即有亦甚破烂"。

李大钊被杀害的消息传出之后，友人纷纷前来探望家属。梁漱溟在回忆文章中写道："当我闻悉守常被害，立即从西郊赶入城内，一面看望其家属情况，一面看视他的装殓的情况……我望见守常夫人卧床哀泣不起。我随即留下十元钱，退出来，改往下斜街长椿寺——据闻守常遗体停柩在此……只见棺材菲薄不堪，即从寺内通电话于章宅吴弱男夫人……弱男夫人来到时，各方面人士亦陆续而来，共议改行装殓之事。"①

1927 年 5 月 1 日上午，德昌杠房的掌柜伊寿山带领 16 名工人，扛着棺材到达宣武门外长椿寺，重新装殓李大钊遗体。杠房用药水擦洗遗体，穿上九层寿衣，头戴帽子，脚穿鞋，安置妥帖，转入新棺，又用漆封上口。在场诸人无不含泪悲愤，李星华、李炎华更是大声哭喊着爸爸。11 时左右，24 人抬着李大钊的新棺到妙光阁旁的浙寺，暂厝浙寺南院，安放祭拜。

1927 年 4 月 6 日李大钊被捕的那天，正好是清明节，也是植树节，学校放假。李大钊长子李葆华骑自行车出西直门奔小汤山，随同周作人以及同学周丰一踏青。晚上李葆华路过清华大学，在李乐光那里待了一会儿，因此幸免于难。第二天，沈尹默找到李葆华，把他送到哥哥沈士远家躲藏。李葆华在城外躲了七八天后，沈尹默觉得哥哥家距离侦缉队太近，不安全，又

———————

① 梁漱溟：《回忆李大钊》，人民出版社 1980 年版，第 88～89 页。

请周作人把李葆华带回家中保护起来。李葆华在周作人家里藏了一个多月。

李大钊牺牲后，李葆华在周作人、沈尹默等北大教授的帮助下，化名杨震，东渡日本留学。李葆华在孔德学校上了 11 年级，还差 1 年毕业，于是蔡元培给他开了一张高中毕业证。1928 年，李葆华考入东京高等师范学校物理化学系，按照中国政府规定，考入这类学校享受官费待遇。当时沈尹默已经出任河北省教育厅厅长，他费尽周折，把李葆华从自费改为公费，才使得他的生活和学业都有了保障。

1931 年，李葆华在日本秘密加入中国共产党，并且担任中共东京特别支部书记，九一八事变爆发后，中国十七省留日学生代表集会，决定全体回国参加反日爱国斗争。1931 年 11 月，李葆华在日本长崎登轮回国，继承父亲遗志，开始了自己的革命生涯。

1933 年，日本加紧了对华北的侵略步伐。1 月 3 日，日本关东军攻陷山海关，并迅速向长城以内推进。很快滦县失陷，李大钊的家乡乐亭被日伪占据。同年 3 月，李星华回家乡，接病重的母亲来京避难。而这时，李大钊的灵柩已经在浙寺停放了整整六年。为了让逝者入土为安，赵纫兰带着李星华姐妹又一次找到了周作人、沈尹默、蒋梦麟、胡适等北大同人，恳求帮助，时任校长蒋梦麟慨然允诺举行公葬。

中共北方党组织在得知李大钊公葬的消息后，想通过这次出殡搞一次群众性的悼念活动，以揭露反动派残杀共产党的暴行。据李星华回忆，为了广泛发起群众，同时照顾家属的安全，"事先以死者家属的名义，在报纸上发一个讣告，把出殡的时间、地点等公布出去。这样既可组织群众参加悼念活动，壮大游行队伍；如果发生意外，又可以推说，群众是看了讣告后才来的，而不暴露我们家里与党组织的联系，使家庭遭受新的迫害"①。

---

① 李星华：《回忆我的父亲李大钊》，上海文艺出版社 1981 年版，第 208 页。

1933 年 4 月 23 日上午八时，蒋梦麟、马裕藻等北大同人以及教育界人士、青年学生、工人及军人一共 700 多人，陆续赶到李大钊灵前致祭，参加出殡仪式。九时半启灵，起灵时全体肃立，唱国际歌，随即静默哀悼。殡仪最前列为旗伞执事，次为影亭，中供李大钊遗像，后即棺罩。李大钊子女在前执幡，送葬者均在棺后，手执挽联二十余副。最前一联的上联是"在压迫下生活，在压迫下呻吟，生者何堪"，下联是"为革命而奋斗，为革命而牺牲，死固无恨"，落款是"北平青年恭送李大钊安葬"，横批是"李大钊先烈精神不死"。

送葬队伍从浙寺出发，一路上人们高喊口号，散发传单，中间不断有人加入，送葬的队伍越来越大，声势也越来越高，最终发展成为一场示威游行。这引来了军警的制止和破坏。快到西四牌楼时，国民党宪兵出动，堵住路口，不允许就地举行公祭。送殡群众提出抗议，引发激烈冲突，宪兵开枪抓捕，有青年受伤，送葬队伍被冲散。后经一番努力，找回杠夫，李星华姐弟及亲友收拾起被踩碎在地下的花圈、挽联和鲜花等，护送灵柩起程，直到黄昏时分才到达墓地，由北大同人扶灵下葬。

中共北方党组织还以北平互济会的名义，为李大钊书写了"革命导师李大钊之墓"的墓碑，由一辆骡车送达万安公墓。迫于当时紧张的政治环境，墓碑没有立在李大钊墓前，而是因循古代墓志的放置方法，将墓碑同棺椁一起埋入地下，直到 1983 年为李大钊修建烈士陵园移灵时，这块墓碑才出土，得以重见天日。

由于连日劳累和出殡时受到惊吓，赵纫兰病倒在床，在公葬完李大钊一个月之后，5 月 27 日她被送进协和医院，当晚 12 时余去世。赵纫兰的名字本是取自屈原的离骚名句"纫秋兰以为佩"，她去世那天恰好是农历五月初五端午节，是民间祭奠屈原的日子，这也是冥冥中的巧合。1936 年6 月，中共河北省委追认赵纫兰为中共党员。

图一二　李大钊（1889～1927）

　　李大钊曾任北京五所大学的教授，他是学贯中西的学者、文化名人、思想巨匠，在中国近现代思想史上占有重要地位。李大钊对中国革命道路理论的研究和探索，以及他在哲学、经济学、文化教育、伦理道德等方面的思想理论，是留给后人的宝贵精神财富（图一二）。

　　李大钊是信仰马克思主义、对党忠诚的表率，是坚守初心、为民造福的表率，是勇于担当、敢为人先的表率，是坚持真理、实事求是的表率，是清正廉洁、品德高尚的表率。李大钊的精神品格令后人景仰和缅怀，他的光辉业绩和为共产主义事业而奋斗的大无畏献身精神，将永远铭记在中国共产党人和全国各族人民心中，他是中华民族永远的丰碑。

　　（作者系北京市西城区文物保护管理中心博物馆管理科科长 ［北京李大钊故居馆长］、副研究馆员）

新文化的方向

——鲁迅以笔为戈

张　燕

一　鲁迅生平

浙江绍兴是一座历史悠久的文化名城，位于我国东南部钱塘江南岸。这里河湖纵横，土地肥沃，素称鱼米之乡。当地有上古传说中为民治水的大禹的陵墓，有卧薪尝胆、为国雪耻的越王勾践的阅兵台。书法圣地兰亭，相传是书圣王羲之挥毫书写《兰亭集序》的地方；荒芜的沈园，是大诗人陆游写下千古绝唱的名园。鲁迅就出生在这块"山川形胜、人杰地灵"的土地上。

鲁迅生活在一个聚族而居、逐渐破落的封建士大夫家庭里。他的祖先原来有过设肆营商、广置良田的鼎盛时期，鸦片战争以后，家族逐渐败落。到鲁迅出生时，家中尚保持小康，有四五十亩水田，一家三代生活无忧。

鲁迅的祖父周介孚，本名致福，后改名福清，是一位颇具才气的人，曾做到翰林院的庶吉士，官至内阁中书。周介孚性格刚直率性，鲁迅出生时，他正在京中做官，虽不常回家省亲，但对儿孙们的学习和仕途十分关心。不同于一般士大夫的传统教学思想，周介孚主张治学先治史，他鼓励小孩子看一些正统诗文以外的杂书，比如小说、野史等，以引起孩子们对读书的兴趣，这在当时是很有些超前意识的。

父亲周凤仪，字伯宜，改名文郁，考入会稽县学生员，后改名为仪炳。他曾几次参加乡试，均未考中。后来家里横遭变故，周凤仪心情郁闷，加上身体多病，三十多岁就病逝了。母亲鲁瑞是绍兴乡下安桥头村一个举人的女儿，她聪颖好学，凭自修达到读书看报的程度。鲁瑞心地善良，处事通达，能够接受新生事物，鲁迅一生对她都十分敬重。

1881 年 9 月 25 日，在绍兴城南，都昌坊口东面不远处的新台门周家，诞生了一个男婴，家长给他起名樟寿，字豫才，后来他自己改名树人。"鲁迅"是 1918 年他在发表《狂人日记》时用的笔名。

鲁迅 7 岁入本家私塾，开蒙先生周玉田是祖父的堂兄，鲁迅也因此称他为"蓝爷爷"。玉田老人博学多才，藏书丰富，这为幼年鲁迅打开了知识的大门。《鉴略》是鲁迅学习的第一本书，记述了从盘古开天地到清王朝的历史故事，作为初级的历史读物，它直接影响了鲁迅日后严谨的治学态度。还有鲁迅如饥似渴想要得到的《山海经》，也是从玉田老人处听说的，这本书收集了中国上古时代的地理历史神话，还有形神各异的插图，成了鲁迅藏书中"最初得到的、最为心爱的宝书"[①]。鲁迅的神话历史小说集《故事新编》中，很多小说便取材于《山海经》中的神话。

长辈曾给过他一本《二十四孝图》，大概是希望他也学做孝子贤孙，但书中所宣扬的畸形道德和一些扼杀人性的行为，令少年鲁迅十分反感。例如"郭巨埋儿"的故事，讲述东汉人郭巨家贫，因无力同时奉养老母、抚养儿子，竟然打算活埋自己三岁的幼子。幸好他掘到了一坛金子："及掘坑二尺，得黄金一釜，上云：'天赐郭巨，官不得取，民不得夺！'"他

---

① 鲁迅：《朝花夕拾·阿长与〈山海经〉》，《鲁迅全集》第 2 卷，人民文学出版社 2005 年版，第 255 页。

的儿子才得以幸免。鲁迅在散文《二十四孝图》中写道："我已经不但自己不敢再想做孝子，并且怕我父亲去做孝子了。"①

鲁迅小时候常随母亲回乡下外祖父家——安桥头村，这使他有机会和农民接触。在乡下，鲁迅结识了很多的少年朋友，跟他们一起捕鱼、捉虾，一起看社戏，这为他以后农村题材的创作打下了深厚的生活和感情基础。

鲁迅十多岁时，在家中的厨房与帮工章福庆的儿子章运水第一次见面，运水就是小说《故乡》中闰土的原型。少年运水活泼、勇敢，他给鲁迅介绍了很多从来没有听到过的农村见闻，讲述了在海边拾贝壳，在大雪天捕鸟，在月光下捏胡叉刺"猹"的故事。这些稀奇事让鲁迅听后无比神往。但是运水终归要回乡下，两个人一个哭着不让走，另一个也是哭着不肯出门。鲁迅对他们的友谊一直非常珍惜，然而再见面时，两人之间已经隔了一层可悲的厚障壁了。

农村的生活、与农民的接触，给鲁迅的思想以深刻的影响。他说："我生长于都市的大家庭里，从小就受着古书和师傅的教训，所以也看得劳苦大众和花鸟一样。但我母亲的母家在农村，使我能够间或和许多农民相亲近，逐渐了解到他们是毕生受着压迫，很多苦痛，和花鸟并不一样了。"②

12 岁时，鲁迅入绍兴城内有名的私塾"三味书屋"就读。"三味"通常解释为"读经味如稻粱，读史味如肴馔，读诸子百家味如醯醢"，泛指读书如同品味米谷、蔬菜、调味品一样，滋味无穷。鲁迅在"三味书屋"读的是《四书》《五经》。"三味书屋"的塾师寿镜吾是一个高而瘦的老人，须发都花白了。鲁迅认为他"是本城中极方正，质朴，博学的人"③。

---

① 鲁迅：《朝花夕拾·〈二十四孝图〉》，《鲁迅全集》第 2 卷，人民文学出版社 2005 年版，第 263 页。
② 鲁迅：《集外集拾遗·英译本〈短篇小说选集〉自序》，《鲁迅全集》第 7 卷，人民文学出版社 2005 年版，第 411 页。
③ 鲁迅：《朝花夕拾·从百草园到三味书屋》，《鲁迅全集》第 2 卷，人民文学出版社 2005 年版，第 289 页。

鲁迅对先生十分敬重，他曾手抄《二树山人写梅歌》，手抄书的习惯便是承自寿镜吾，即便到南京求学以后，回乡时仍时常向先生求教。有一次鲁迅上学迟到了，受到先生的批评，于是他在桌上刻了一个"早"字以自勉，从此便再也没有迟到过。

鲁迅从小就对绘画有浓厚的兴趣，他喜欢搜集和购买画册，描摹和观赏美术作品。他用压岁钱购买了《海上名人画谱》《古今名人画谱》等书。因鲁迅喜欢梅花，堂叔祖周芹侯为他刻了一方印章"只有梅花是知己"，他还为鲁迅刻印"绿杉野屋"一方，"绿杉野屋"是鲁迅自取的斋名。鲁迅还读过许多野史、杂说，并且关心故乡先贤的遗迹和著作，他从广泛的涉猎中，奠定了自己学识的初步基础。

13 岁那年，周家遭受了一场重大变故。鲁迅的祖父因科场舞弊案被捕入狱，家里不断地变卖东西，四处求人打探消息，以求保住周福清的性命。鲁迅和兄弟几人被送到乡下大舅父家避难半年。随后而来是父亲的病，为了给父亲治病，年幼的鲁迅经常要从一倍高的当铺柜外送上衣服或首饰，在侮蔑里接了钱，再到一样高的药铺的柜台外买药。两年后，由于庸医误诊，他的父亲还是病逝了。家庭的变故，使少年鲁迅饱尝了世人甚至亲人的冷眼，深深体会到了社会的残酷。后来鲁迅写道："有谁从小康人家而坠入困顿的么？我以为在这途路中，大概可以看见世人的真面目。"①

18 岁的鲁迅毅然抛弃了当时科举应试的所谓"正路"，带上母亲为他筹备的 8 元钱川资，就到南京求新学去了。

1898 年 5 月，鲁迅来到南京，考入江南水师学堂，在这里改名为"周树人"，取"百年树人"之意。江南水师学堂虽是在洋务运动中建起的新

---

① 鲁迅：《呐喊·自序》，《鲁迅全集》第 1 卷，人民文学出版社 2005 年版，第 415 页。

式学堂，却有着披着资本主义改良外衣的封建躯体。这个号称"水师"的学堂与水毫不相干，校内唯一的游泳池，也由于淹死过两个年幼的学生而被填平了，上面还盖了一座关帝庙用以镇鬼。所以鲁迅在入学后不久，就觉得它有点乌烟瘴气了。

同年 10 月，鲁迅转到南京矿务铁路学堂学习。这里学的是德文，还有一些先前不曾学过的功课，如格致（即物理）、算学、地学（即地质学）、金石学（即矿物学）等，鲁迅在此增长了知识，开阔了视野。入学第二年，学校来了一位新的总办——余明震，这是一位主张维新、倾向进步的开明官员。余明震到任后，学校面貌为之一新，看新书的风气流行起来，鲁迅开始接触到一些进步思潮。英国生物学家赫胥黎著的《天演论》，引起了他极大的兴趣。这是一本介绍达尔文生物进化论的书籍，由晚清维新派代表人物、启蒙思想家严复翻译，书中介绍的"物竞天择，适者生存"的进化论观点，引起了鲁迅的深思和焦虑，成为他早期反封建的思想武器。

当时的中国社会已经由封建社会逐步成为半殖民地半封建社会，帝国主义国家迫使清政府签订一系列不平等条约，沙俄、日本、英国、德国、美国的势力不断渗入，疯狂瓜分中国领土。但是，中国人民是不甘于被帝国主义侵略、奴役的，各阶层人民纷纷起来反抗。鲁迅曾刻"戎马书生"印一方，表达了自己投笔从戎、捐躯杀敌的报国壮志。要救国只有维新，只有这一条路，那就是到国外去。广州起义失败后，孙中山流亡日本，日本遂成为当时流亡革命者的根据地。

在这历史的大动荡中，1902 年 1 月，鲁迅以第一等第三名的优异成绩从矿务铁路学堂毕业，同年便被公费派往日本留学。

1902 年 4 月，鲁迅来到日本东京，最初是在弘文学院补习日语。他被编在普通科江南班，同班的十余人都准备在学好日文后，再分别进入其他的专门学校。这时期，日本留学生会馆的集会很多，革命者常在这些会上宣传革命。孙中山曾记述当时的革命活动："其时东京留学届之思想言论，皆集中于革命问题。"① 在革命派的宣传和鼓动下，留学生们积极参加当时爱国志士的"排满"革命活动，他们赴会馆、跑书店、赴集会、听讲演，爱国主义、民族主义思潮日益高涨。也是在这一时期，鲁迅在江南班带头剪掉了象征民族压迫的发辫，并拍了一张脱帽断发照（图一、图二）。

图一　青年时期的鲁迅　　　　　图二　青年时期的鲁迅

在弘文学院，由于志趣相投，鲁迅很快与浙江班的同乡许寿裳结为好友。他们常常在一起讨论怎样才是最理想的人性，中国国民性中最缺乏的是什么，它的病根何在。鲁迅对这三大问题的研究，毕生孜孜不懈。

当时的东京，以孙中山为首的革命民主派对新生革命力量的影响很大，各省留日学生纷纷编辑出版鼓吹革命思想的书报杂志。《浙江潮》月刊是当时浙江籍留学生办的宣传革命的重要杂志。许寿裳便是这个刊物的

① 中国史学会编：《中国近代史资料丛刊·辛亥革命》（一），上海人民出版社1957年版，第9页。

编者之一，也正因为如此，鲁迅成为该刊物的重要撰稿人和有力支持者。他曾在该刊发表《斯巴达之魂》，歌颂斯巴达人抗击波斯帝国侵略的宁死不屈的精神，试图唤醒中国人民的尚武精神，以抗击外来侵略。在这篇早期的译述作品中，鲁迅的文学才能得以最初的显现。

但是，此时的文学创作和翻译并不是鲁迅最重要的工作，他最关心的还是在自然科学方面。鲁迅写了科学论文《说铂》，"铂"就是"镭"，这是中国最早介绍居里夫人及其发现"镭"元素的论著之一。他用热情的语调欢呼科学的新发现，称镭的发现是"辉新世纪之曙光，破旧学者之迷梦"。在《中国地质略论》中，鲁迅介绍了中国地质的构造、形成、矿藏分布情况，他在赞美祖国宝藏无量的同时，也谴责了帝国主义掠夺中国矿产和清政府出卖主权的行径。他大声疾呼："中国者，中国人之中国。可容外族之研究，不容外族之探险；可容外族之赞叹，不容外族之觊觎者也。"① 鲁迅把这些自然科学知识介绍给中国人民，试图唤醒人民的反帝反封建斗争，希望通过文学的形式，把科学与爱国思想的启蒙结合起来，他认为这对于中国社会的改造是十分重要的。

1904 年 4 月，鲁迅在弘文学院毕业，转到仙台医学专门学校学医。一方面，鲁迅希望能够救治像父亲一样被庸医所误的病人；另一方面，鲁迅认为新医学对于日本的明治维新是极大的推动力，他希望通过新医学的应用与传播，促进中国人对维新的支持和参与。鲁迅曾写《自题小像》诗赠友人许寿裳：

> 灵台无计逃神矢，风雨如磐暗故园。
>
> 寄意寒星荃不察，我以我血荐轩辕。

---

① 鲁迅：《集外集拾遗补编·中国地质略论》，《鲁迅全集》第 8 卷，人民文学出版社 2005 年版，第 6 页。

身在异国的鲁迅，无法摆脱对祖国的深切怀念和忧思，决心为祖国流血牺牲，奉献生命。这是鲁迅发自内心的誓言，"我以我血荐轩辕"成为他一生不变的追求和写照。

在仙台医专，鲁迅与解剖学教授藤野严九郎（图三）结下了深厚的师生情。藤野先生看他"身在异国，不以为苦"，很受感动，便热情地帮助鲁迅，把他的笔记拿去修改，甚至连文法上的错误也一一订正。藤野先生在少年时代曾学过汉文，对中国的历史和文化极为尊敬，他毫无民族偏见，对于这位从中国来的"周君"十分亲切和蔼。鲁迅在他后来的作品《藤野先生》中曾深情地写道："在我所认为我师的之中，他是最使我感激，给我鼓励的一个。"①

图三　藤野先生送给鲁迅的照片及赠言

鲁迅在仙台医专求学时，正值日俄战争爆发，日本、俄国为瓜分中国东北的土地，在中国领土作战。一次细菌课上放映时事幻灯片，他看到了

---

① 鲁迅：《朝花夕拾·藤野先生》，《鲁迅全集》第 2 卷，人民文学出版社 2005 年版，第 318 页。

这样的镜头：一个中国人被当作俄国方面的奸细，被日本人抓住并且砍头示众，围观的是一群看上去身体健壮但表情麻木的中国人。这使鲁迅深受刺激，他痛切地感到，凡是愚弱的国民，即使体格多么健壮，而精神麻木，"也只能做毫无意义的示众的材料和看客"①。要改造中国，看来"医学并非一件紧要事"，"第一要著"是改变人们的精神，而那时他以为改变精神应"首推文艺"。于是他做出了人生的重大选择：放下解剖刀，拿起解剖人类灵魂的笔，弃医从文。

1906 年夏天，鲁迅从仙台回到了东京，开始从事革命文学活动。计划的第一步是创办杂志，定名为《新生》，取新的生命之意。他邀集了撰稿人，设计了封面、插图，甚至连稿纸也印出来了，但最终因资金缺乏等原因而夭折。

《新生》的遭遇虽然给鲁迅一定的打击，但他并没有灰心。1907 年，鲁迅在留学生办的《河南》杂志上连续发表文章，介绍外国作家的作品，启发人民的爱国思想。其中，《摩罗诗力说》介绍了欧洲 19 世纪拜伦、雪莱、莱蒙托夫等浪漫主义诗人和他们的作品，激发人的想象，呼唤着精神界的战士；《科学史教篇》是论述西方自然科学发展史的论文，提出了使人性得到全面发展的主张；《文化偏至论》则集中体现了青年鲁迅的个性主义文化观，提出了立国"首在立人"的重要思想。

与此同时，鲁迅对世界进步的文学十分注意，他翻译介绍外国作品，特别注重的是东欧一些被压迫的弱小民族作家的作品。俄国的果戈理、波兰的显克微支、日本的森鸥外和夏目漱石是鲁迅当时较为欣赏的几位作家，最为喜爱的应是匈牙利诗人裴多菲的作品。鲁迅认为，裴多菲诗歌的最大特色是"纵言自由，诞放激烈"，是一个"为爱而歌，为国而死"的

① 鲁迅：《呐喊·自序》，《鲁迅全集》第 1 卷，人民文学出版社 2005 年版，第 439 页。

民族诗人。他不仅充分肯定裴多菲诗歌的艺术成就，而且对其爱国主义思想以及反抗外来侵略的英勇行为给予高度评价。

在夏目漱石曾经住过的宅子里，鲁迅与周作人合译《域外小说集》，由周氏兄弟的同乡兼好友——银行家蒋抑卮资助出版。这是鲁迅的第一本翻译小说集，也是中国近现代文学史上第一部外国直译短篇小说文集。

这一时期，鲁迅的文学创作特色在于他一开始就把文学创作同思想斗争和政治斗争联系起来，他坚决而彻底地反对落后和保守，反对盲目崇拜，反对压迫和侵略，力求争取民族的独立自由，追求人民的思想解放，这是鲁迅从事文学革命活动的最基本的中心思想。

1909 年，为负担家庭生活的费用，鲁迅不得不从日本回国。同年 8 月，鲁迅到杭州的浙江两级师范学堂，担任化学和生理学教员，兼任日本博物学教员的翻译。浙江两级师范学堂是浙江省的最高学府，教员大部分是从日本回国的留学生，学校里科学民主的气氛比较浓厚。鲁迅讲授胚胎学，研究生物体个体发育成长过程，还编写了生理学讲义《人生象斀》，并附录《生理实验术要略》。在教学中，鲁迅十分重视学生的野外实践工作，他经常带学生到西湖、孤山一带采集植物标本，回来后严格进行植物分类，认真地进行植物研究，以培养学生在科研上实事求是的学风。次年7 月，鲁迅回到绍兴，担任绍兴府中学堂学监，并兼任博物学、生理卫生学教员。

1911 年 10 月辛亥革命爆发，11 月 4 日杭州光复。消息传到绍兴，群情振奋，鲁迅率学生组织"武装演讲队"，上街散发传单，宣传革命。11月 6 日，绍兴光复，鲁迅出任山会师范学校校长。他支持学生们筹办了《越铎日报》，并且替他们草拟发刊词，开辟杂文栏，所写短文针砭时弊，甚至批判军政府。在东京筹办《新生》时撰写政论的热情，再次焕发。

辛亥革命后，临时政府在南京成立，宣告了中国两千多年封建帝制的终结。然而，绍兴也和全国其他地方一样，辛亥革命的暴风雨很快就过去了。辛亥革命只推翻了一个清朝政府，反帝反封建的革命任务并没有完成。随着《越铎日报》被军政府士兵捣毁，鲁迅对绍兴这座城市不再抱有希望。他托朋友寻事："仆颇欲在他处得一地位，虽远无害……"①

受临时政府教育部总长蔡元培之邀，鲁迅离开故乡来到南京，任教育部部员。三个月后教育部北迁，他被任命为北京政府教育部佥事，兼任社会教育司第一科科长，于是在1912年5月来到北京。

鲁迅初到北京，住在宣武门外南半截胡同的绍兴会馆里（图四）。起初是一间小而偏僻的屋子，名叫"藤花馆"，后又移居到另一个叫作"补树书屋"的小院子里（图五）。在北京教育部任职期间，鲁迅对工作相当

图四 绍兴会馆大门

---

① 鲁迅：《书信·110731 致许寿裳》，《鲁迅全集》第 11 卷，人民文学出版社 2005 年版，第 349 页。

图五　补树书屋

负责。他参与设计了中华民国国徽，并撰写了国徽图案说明书。为了筹办历史博物馆，他捐献了自己收藏的明代铜镜和蓝花大碗，这是中国的第一家国立博物馆。在京师图书馆的迁址和改建过程中，鲁迅做了大量工作，在他与同人的努力下，新馆在方家胡同开馆。

可是在北京的生活很快变得难挨起来。鲁迅原本对孙中山及辛亥革命抱有很大希望，但孙中山被迫辞去临时大总统职务，窃国大盗袁世凯取而代之，北洋政府对外依靠帝国主义支持，对内镇压人民，排斥异己。随着袁世凯复辟帝制的欲望愈发强烈，他手下的鹰犬爪牙对政府内部的官员特别警惕，不断地捕人以恐吓那些可能反袁的官员，北京官场的气氛日益紧张。偏偏鲁迅又是随蔡元培北上的人，属于南方的革命党派，容易引起特务的注意。蔡元培辞职后，新任总长视鲁迅为"蔡党"，也想寻个机会将他赶出教育部。

此时鲁迅对教育部的印象是无事可做、枯坐终日、极无聊赖，于是他利用这些时间来抄书。他陆续抄写、校勘了许多中国古代的书籍,系统地辑录了散在各种"类书"中的先秦时期的古小说,以及唐宋时期的传奇小说,并开始校录魏晋先贤嵇康的诗文集。此外,他还翻译了一些关于论述儿童教育和美术教育问题的文章。鲁迅将更多的时间用在收集和研究碑帖拓片上,他废寝忘食,锐意穷搜、集录、研究造像墓志碑帖,好友许寿裳称赞他"考证精审,一无泛语"。现存鲁迅辑校古籍手稿60余种,4000余页;辑校石刻拓本近800种,1800余页。

鲁迅苦苦追求却不断受挫,处处碰壁,一个人蛰居在北京城中这萧索寂寞的会馆一角,青年时代的慷慨激昂仿佛已消磨殆尽。他时常感到悲愤,继而深刻反省,急切地寻求一条出路,可是出路在哪里呢?这寂寞一天天地增长起来,像毒蛇一样,缠绕着他的灵魂,不在寂寞中爆发,就要在这寂寞里灭亡!

就在鲁迅自以为无望,只能"待死"的时候,中国的知识分子逐渐意识到,必须从文化思想上冲击封建思想和意识。1915年,陈独秀在上海创办《新青年》(刊名最初叫《青年杂志》,后改为《新青年》),提倡民主和科学,反对封建文化,揭开了新文化运动的序幕。作为新文化运动重要组成部分的文学革命,是为了适应中国文学前进发展的要求而兴起的,然而鲁迅对于文学革命并没有太多热情,他说:"见过辛亥革命,见过二次革命,见过袁世凯称帝,张勋复辟,看来看去,就看得怀疑起来,于是失望,颓唐得很了。"[①]

鲁迅照旧在会馆里抄古碑,一位在日本求学时的老朋友来访,此人便是钱玄同,他那时正担任《新青年》的编辑。他访鲁迅的目的是为《新青

---

① 鲁迅:《南腔北调集·〈自选集〉自序》,《鲁迅全集》第4卷,人民文学出版社2005年版,第468页。

年》约稿。钱玄同说："我想，你可以做点文章……"鲁迅说："假如一间铁屋子，是绝无窗户而万难破毁的，里面有许多熟睡的人们，不久都要闷死了，然而是从昏睡入死灭，并不感到就死的悲哀。现在你大嚷起来，惊起了较为清醒的几个人，使这不幸的少数者来受无可挽救的临终的苦楚，你倒以为对得起他们么？"钱玄同说："然而几个人既然起来，你不能说决没有毁坏这铁屋的希望。"后来鲁迅在《呐喊》自序中写道："是的，我虽然自有我的确信，然而说到希望，却是不能抹杀的，因为希望是在于将来，决不能以我之必无的证明，来折服了他之所谓可有，于是我终于答应他也做文章了……"①

正是这关于铁屋子的对话，重新燃起了鲁迅对未来的希望，他决定再次拿起笔来写文章。

1918 年 5 月，在《新青年》杂志第四卷第五号上，鲁迅发表了第一篇白话文小说，这便是《狂人日记》（图六）。在这篇小说里，鲁迅通过对一个狂人的描写，把中国封建社会里的家族制度和礼教的毒害，赤裸裸地揭露出来，借着小说里狂人的嘴，对几千年的封建制度加以尖锐深刻的抨击。

从此鲁迅一发而不可收，创作了大量形式新颖、思想独特的作品。这些作品在五四运动的浪潮中，极大地激励了青年读者，引起了社会的广泛关注，鲁迅因此成了文化新军的旗手。

1919 年 11 月，鲁迅将母亲等亲属从绍兴老家接到北京，举家迁入北京公用库八道湾 11 号宅院（图七）。在这里，他创作和翻译了一百多篇作品。《阿 Q 正传》就是在这里写成的，一经发表，很快获得了极高的国际声誉，被译为英、法、俄等多种语言。文中通过对阿 Q 这一艺术形象的塑

---

① 鲁迅：《呐喊·自序》，《鲁迅全集》第 1 卷，人民文学出版社 2005 年版，第 441 页。

图六　《新青年》第四卷第五号发表《狂人日记》

图七　八道湾 11 号鲁迅住过的院子

造，表达了作者对现实的痛心和深刻批判，一方面揭露农民由于长期受压迫而过着屈辱麻木的生活，另一方面也批判了封建统治阶级对人民的思想毒害。

1923 年 9 月，鲁迅的第一本小说集——《呐喊》出版，收录《狂人日记》《阿 Q 正传》《故乡》等小说共 15 篇。

1923 年 8 月，鲁迅与二弟周作人失和，遂搬出八道湾，租居砖塔胡同61 号，后又迁至阜成门内西三条 21 号，这里是鲁迅在北京的最后一处寓所（图八、图九）。

鲁迅将 1924 至 1925 年创作的《祝福》《孤独者》《伤逝》等小说 11篇，收入他的第二本小说集《彷徨》，封面是请他的学生陶元庆设计的。文集集中反映了这个时期鲁迅的心情——"新青年"团体分化，北京文化界显现出荒凉寂寞的景象，鲁迅在苦闷与彷徨中，继续探索着前进的道路。他在《题彷徨》诗中写道：

图八　从西三条胡同鲁迅旧居看到的白塔寺白塔

图九　鲁迅的书房"老虎尾巴"

寂寞新文苑，平安旧战场，

两间余一卒，荷戟独彷徨。

从 1920 年起，鲁迅先后在北京大学、北京女子师范大学等八所大中学校兼课，主要讲授中国小说史，其讲义《中国小说史略》的结集出版，结束了"中国小说历来无史"的局面。鲁迅以渊博学识吸引了广大青年学生，只要他讲课，教室总是被挤得满满的。与此同时，鲁迅还参与组织成立了几个进步文学社团，如语丝社、莽原社、未名社等，他指导青年编辑刊物，为青年校订、出版译著，帮助青年修改文稿，为他们的作品写序，常常工作到深夜。

1924 年秋至 1925 年 11 月，北京发生了女师大风潮。北京女子师范大学的学生因不满校长杨荫榆推行封建家长式教育、压制民主活动而奋起反抗，酿成风潮。鲁迅始终站在进步学生一边，他参加校务维持会，帮助学生起草驱逐校长杨荫榆的呈文，还亲自拟稿，与沈尹默、钱玄同等共七位教员共同签署宣言，以示对女师大学生的支持。学生被驱逐出校后，女师大学生在宗帽胡同租赁房屋作为临时校舍，鲁迅不仅抱病上课，还主动提出把义务授课时间增加一倍。最终，女师大风潮以进步师生的全面胜利而告结束（图一〇）。

图一〇　1925 年的鲁迅

1926 年 3 月，日本侵略军悍然炮击我国大沽口炮台，国民军被迫自卫还击。为抗议帝国主义的侵略行径，3 月 18 日上午，北京的进步学生和爱国群众在天安门前集会、游行，当游行队伍前行至段祺瑞执政府门前，遭到卫队的枪击和刺刀、马刀的砍杀，当场死伤二百多人，女师大学生刘和珍、杨德群也惨遭杀害。

闻知这一消息，鲁迅感到极大的震惊和愤怒。3 月 25 日，女师大师生和北京各界代表在该校大礼堂隆重举行追悼大会，沉痛悼念刘和珍、杨德群。鲁迅也参加了追悼大会。会后，他饱蘸血泪写下了《无花的蔷薇之二》《记念刘和珍君》《死地》等文章，痛斥刽子手们惨无人道的行径，并称 3 月 18 日为"民国以来最黑暗的一天"。鲁迅在文章里写道："血债必须用同物偿还，拖欠的愈久，就要付更大的利息！"①

"三一八惨案"后，段祺瑞政府还想进一步迫害社会知名人士和进步教授。朋友们极为关心鲁迅的安全，在友人的敦促下，鲁迅暂时离寓避

---

① 鲁迅：《华盖集续编·无花的蔷薇之二》，《鲁迅全集》第 3 卷，人民文学出版社 2005 年版，第 279 页。

难。从 3 月 26 日至 5 月上旬，鲁迅在外流离一个多月，为防追捕和盯梢，其间又多次变换住处。后经林语堂邀请，鲁迅起程赴厦门，结束了他在北京 14 年的生活。

1926 年 9 月 4 日，鲁迅到达厦门，担任厦门大学国文系教授兼国学研究院教授，讲授中国文学史、中国小说史课程。他的讲义手稿《中国文学史略》，后来出版时定名为《汉文学史纲要》。

此间，鲁迅写出了十几万字的作品，完成了几部书的编辑和校订工作，他将在北京时期写作的杂文，都编定在《坟》《热风》《华盖集》《华盖集续编》这几个杂文集中。在《写在〈坟〉后面》中，鲁迅写道："我的确时时解剖别人，然而更多的是更无情面地解剖我自己。"① 这表现了鲁迅不断清理思想、自我剖析，在斗争中不断克服世界观局限的进取精神。

在厦门大学，鲁迅先生热心培养文学青年，指导学生创办了两个新文艺社团——泱泱社和鼓浪社，编辑出版了《波艇》月刊和《鼓浪》周刊。同时，鲁迅还到厦大周会、平民学校、中山中学演讲。平民学校是厦门大学学生会主办的，招收因贫困辍学的平民子女，鲁迅买小人书送给这些孩子阅读，并为学校捐款。在开学典礼上，鲁迅鼓励孩子们要好好读书，他说："你们穷的是金钱，而不是聪明与智慧。"②

在厦门大学几个月，鲁迅感到"此间甚无聊，所谓国学院者，虚有其名，不求实际"③。他看清学校的"中枢是'钱'，绕着这东西的是争夺、骗取、斗宠、献媚、叩头，没有希望的"④。与此同时，广州的中山大学多

① 鲁迅：《坟·写在〈坟〉后面》，《鲁迅全集》第 1 卷，人民文学出版社 2005 年版，第 300 页。
② 鲁迅：《在厦门平民学校成立会上的讲演》，《鲁迅大全集》，长江文艺出版社 2011 年版，第 323 页。
③ 鲁迅：《书信·261229 致许寿裳》，《鲁迅全集》第 11 卷，人民文学出版社 2005 年版，第 668 页。
④ 鲁迅：《书信·270112 致翟永坤》，《鲁迅全集》第 12 卷，人民文学出版社 2005 年版，第 13 页。

次向鲁迅发出邀请电报，于是，鲁迅决定离开厦门，前往广州。

1927 年 1 月 18 日，鲁迅到达广州，任中山大学文学系主任和教务主任，并开设了文艺论、中国文学史等课程。

鲁迅在广州时，中共中山大学党组织派党员跟他联系，赠送党内刊物《做什么》《少年先锋》和学校党总支刊物《支部生活》。中共粤区党委书记陈延年也亲自拜访鲁迅，鲁迅在《怎么写（夜记之一）》中，也谈到共产党人毕磊跟他交往的情况。

1927 年 2 月，鲁迅冲破港英当局的阻挠，在香港青年会礼堂发表了《老调子已经唱完》《无声的中国》两次演讲，剖析了中国封建腐朽文化的危害。4 月 8 日，他又在共产党人应修人的陪同下，到黄埔军校发表了题为《革命时代的文学》的著名演讲，热情歌颂了革命暴力的历史作用。当时，北伐战争节节胜利，工农运动蓬勃发展，广州被称为"革命的发源地"，社会上充满着革命即将胜利的高论。针对当时一些对革命盲目乐观的论调，鲁迅以他卓越的政治远见发表了《黄花节的杂感》和《庆祝沪宁克复的另一边》两篇文章，提醒革命者一定要保持清醒头脑，不断进击，不可陶醉在胜利的凯歌中。

1927 年 4 月 12 日，蒋介石在上海发动反革命政变。4 月 15 日，广州也开始大肆屠杀共产党人和革命群众，中山大学的很多进步学生遭到逮捕。为了营救被捕学生，4 月 15 日下午，鲁迅冒雨赶赴中山大学各系主任紧急会议，希望学校出面担保营救，并强调被抓的不是一个两个，而是几百人，说明这是学校不可推卸的责任。但是会议没有收到预期效果，营救希望化为泡影。鲁迅愤而辞去了中山大学的一切职务，并且三次退还学校当局送来的聘请书以示抗议。

鲁迅说："我一向是相信进化论的，总以为将来必胜于过去，青年必胜于老人……然而后来我明白我倒是错了……我在广东就目睹了同是青年，而分成两大阵营，或则投书告密，或则助官捕人的事实。我的思路因此轰毁……"①

鲁迅在广州写下了几十篇译文和著作，大都收在《而已集》中。

1927 年 10 月，鲁迅抵达当时革命文化的中心——上海，在这里度过了他人生最后的十年。

大革命失败后，上海文坛倒显得十分活跃，不同思想和流派的文化人都聚集在这里。1928 年 1 月，经过整顿的太阳社、创造社成立，提出了"革命文学"的口号，把马克思主义的阶级论和唯物论的文学理论初步介绍到中国，使文学革命更深入一步，扩大了左翼文化运动的影响。但由于他们当中的一些成员对中国社会的实际缺乏了解，也未曾加以细致的分析，便对鲁迅、叶圣陶、郁达夫等进步作家采取了攻击的态度，双方展开了一场持续两年之久的"革命文学论争"。鲁迅采用论辩的方式，发表了《醉眼中的朦胧》《文艺与革命》等文章，批评了革命文学阵营中的宗派主义和教条主义，对如何发展无产阶级革命文学的问题发表了精辟的见解。鲁迅后来坦言："我有一件事要感谢创造社的，是他们'挤'我看了几种科学底文艺论……以救正我——还因我而及于别人——的只信进化论的偏颇。"②

这一时期，鲁迅阅读了大量的科学文艺论的著作，并且着手翻译、介绍和传播。毛泽东认为，鲁迅后期的杂文最深刻有力，没有片面性，就是因为这时候他学会了辩证法。

鲁迅在上海专事写作，并多次参加文化活动。他曾去劳动大学、暨南大学、复旦大学等学校演讲。据当时听讲的学生回忆，讲堂内外的气氛紧

---

① 鲁迅：《三闲集·三闲集序言》，《鲁迅全集》第 4 卷，人民文学出版社 2005 年版，第 5 页。
② 鲁迅：《三闲集·三闲集序言》，《鲁迅全集》第 4 卷，人民文学出版社 2005 年版，第 6 页。

张而热烈。演讲时有国民党军警在旁边监视，但他们从先生的讲话中抓不到把柄，也只得悻悻而去。

1930 年 3 月，中国左翼作家联盟（简称"左联"）在上海成立，鲁迅作为发起人之一，在成立大会上做了《对于左翼作家联盟的意见》的演讲。鲁迅指出，左翼作家如果不与实际社会斗争相接触，是很容易变成右翼作家的。联合战线必须以共同目标为必要条件，那就是目的都在工农大众。左联成立后，许多战斗的刊物不断涌现，鲁迅主编或指导编辑的左联刊物有《萌芽》《世界文化》《十字街头》等。他在这些刊物上发表了大量杂文，抨击了宣扬人性论、天才论的自由主义文艺团体"新月派"，由国民党政府策划的"民族主义文学"，以及反对左翼文艺运动的"自由人"和"第三种人"。

"中国自由运动大同盟"是一个反对国民党法西斯统治，争取言论、出版、结社、集会自由的群众组织，鲁迅被列为发起人。鲁迅还参加了旨在营救被捕革命者和救济死难烈士家属的"中国济难会"，并多次向"济难会"捐款。

1931 年 9 月 18 日，日本侵略军突然进攻沈阳，随即东北三省全部沦陷。1932 年 1 月 28 日，日军进犯上海。1933 年，日军的铁蹄踏入华北地区，亡国灭种的危机迫在眉睫。

为了抗日救亡，鲁迅不顾个人安危，与茅盾等人联名发表了上海文化界告全世界书，号召人民开展抗日救亡运动。他写下了《"友邦惊诧"论》《好东西歌》《文章与题目》等大量文章，揭露日本帝国主义的侵略行径和国民党政府的妥协政策。

鲁迅一向致力于国际文化交流，虽然当时中日关系紧张，文化界的交流却没有停止。1931 年，日本左翼作家山上正义将《阿 Q 正传》译成日文，鲁迅曾做校订，并做了 85 条注释。为了翻译鲁迅的《中国小说史略》，日本学者增田涉于 1931 年初来到上海，鲁迅用了三个月的时间，每天下午用日语向他仔细讲解有关问题。增田涉回国后，只要在翻译上遇到难题，就写信向鲁迅请教，鲁迅有信必复。《中国小说史略》日译本终于出版。鉴于鲁迅在翻译过程中付出的艰辛劳动，增田涉建议署名两个人合译，鲁迅婉言谢绝。增田涉遂把鲁迅称为自己的"恩师"。

日本生物学家西村真琴是国际红十字会成员，他在上海收养了一只无家可归的鸽子。这只鸽子不久之后就死了。西村建了三义塔来葬鸽，并请鲁迅为鸽子墓题词。先生就写了《题三义塔诗》，其中有"度尽劫波兄弟在，相逢一笑泯恩仇"，表达了他希望结束罪恶战争、中日两国人民和平相处的美好愿望。

1933 年 1 月，鲁迅参加了中国民权保障同盟。同年 5 月，他和宋庆龄、蔡元培、杨铨等人前往德国驻上海领事馆，抗议希特勒屠杀犹太人，摧残进步文化。6 月 18 日，民权保障同盟总干事杨铨被特务杀害。两天后是杨铨入殓的日子，特务放出风声，要在当天暗杀鲁迅及同盟的其他几位领导，鲁迅不顾个人安危，毅然前往参加杨铨的追悼会。归途中，他写了《悼杨铨》这首诗，对死者表示沉痛的哀悼。他在给朋友的信中说："只要我还活着，就要拿起笔，去回敬他们的手枪。"①

因为参加了中国共产党领导下的进步社会团体的活动，发表了大量的"论时事不留面子，砭锢弊常取类型"的杂文，鲁迅遭到了国民党当局的监视和迫害。他们不准学校请他演讲，文字审查机关不断地查禁、删削鲁迅的作品，他的书无端地受到邮局的扣留，国民党浙江省党部还以"堕落文人"的罪名，呈请通缉鲁迅。面对重重压迫，鲁迅不得不经常更换笔

① 鲁迅：《书信·330625 致山本初枝》，《鲁迅全集》第 14 卷，人民文学出版社 2005 年版，第 247 页。

名。据统计，他先后使用过的笔名多达 140 多个。鲁迅时时感到寂寞和独战的悲哀，但他还是充满信心，埋头苦干。

繁重紧张的工作和社会活动，极大地损害了鲁迅的健康，使他原本就有的肺病迅速恶化。从 1935 年下半年后，他经常咳嗽、气喘、发烧，体重下降到三十多公斤。医生在惊讶于他生命力的顽强的同时又说，倘是欧洲人病到这种程度，则五年前恐怕就已经死掉了。对这样的警告，鲁迅更感到时间的紧迫，更需要"赶快做"。朋友们为他的健康忧心，劝他到国外去疗养，宋庆龄致鲁迅的信中，多次连用三个惊叹号，她希望鲁迅"为着中国和中国革命的前途，请立即到医院治病！！！"但是鲁迅没有放下他那支"金不换"毛笔，在重病中，他苦斗着。

从 1936 年 5 月中旬开始，鲁迅病情日渐恶化，其间数度病危，但鲁迅仍坚持抱病工作，他在写就的《死》一文中拟定了七条遗嘱：

一，不得因为丧事，收受任何人的一文钱。——但老朋友的，不在此例。

二，赶快收敛，埋掉，拉倒。

三，不要做任何关于纪念的事情。

四，忘记我，管自己生活。——倘不，那就真是胡涂虫。

五，孩子长大，倘无才能，可寻点小事情过活，万不可去做空头文学家或美术家。

六，别人应许给你的事物，不可当真。

七，损着别人的牙眼，却反对报复，主张宽容的人，万勿和他接近。

此外自然还有，现在忘记了。只还记得在发热时，又曾想到欧洲人临死时，往往有一种仪式，是请别人宽恕，自己也宽恕了别人。我的怨敌可谓多矣，倘有新式的人问起我来，怎么回答呢？我想了一想，决定的是：让他们怨恨去，我也一个都不宽恕①。

1936 年 10 月 8 日，鲁迅参加了"第二回全国木刻流动展览会"，与青年木刻家亲切交谈，这距他的逝世仅 11 天。逝世前三天，鲁迅还在写文章，回忆他的老师章太炎先生，鲁迅为中国人民的解放事业，战斗到了生命的最后一息。1936 年 10 月 19 日晨 5 时 25 分，伟大的文学家、思想家、革命家鲁迅在他上海的最后一处寓所大陆新村九号逝世，终年 56 岁（图一一）。鲁迅曾深情的写道："自问数十年来，于自己保存之外，也时时想到中国，想到将来，愿为大家出一点微力，却是可以自白的。"②

图一一　鲁迅（1881～1936）

---

① 鲁迅：《且介亭附集·死》，《鲁迅全集》第 6 卷，人民文学出版社 2005 年版，第 635 页。
② 鲁迅：《书信·340522 致杨霁云》，《鲁迅全集》第 13 卷，人民文学出版社 2005 年版，第 113 页。

鲁迅曾说："忘记我，管自己生活。"但是，人民是不会忘记他的。鲁迅逝世当天，由宋庆龄、蔡元培、沈钧儒等 13 人组成治丧委员会，在讣告中引用了他的遗言，"不得因为丧事，收受任何人的一文钱"。上海各阶层人士一万余人自发前往万国殡仪馆，瞻仰鲁迅遗容。10 月 22 日，鲁迅的生前友人、学生巴金、靳以、张天翼等 30 多人扶柩，7000 多人自愿组成送葬队伍。在哀乐声中，一面由上海民众敬献的长方形白色锦旗覆盖在鲁迅的灵柩上，上有沈钧儒题写的"民族魂"。

鲁迅是中国现代文学的拓荒者、奠基人，他的著作是我们认识现代中国社会的一面镜子，是联系中国人民与世界人民友谊的纽带。鲁迅的作品是我们民族最可宝贵的精神财富，鲁迅的精神就是中华民族之魂。

二 同一战线的伙伴——与共产党人的交往

鲁迅在前期的唯物史观形成过程中接触到马克思主义，对列宁领导下的十月社会主义革命持肯定和赞扬的态度。他在参与《新青年》杂志的编辑工作时，在与党内同志的相识、相知中，对中国共产党领导的马克思主义信仰有了新的认识和理解。

李大钊一直是鲁迅心中的革命先驱者，是鲁迅向共产主义前进的引路者。《新青年》创刊后，李大钊将在日本留学时的旧作《青春》投寄给编辑部，他在文中指出："以青春之我，创建青春之家庭，青春之国家，青春之民族，青春之人类，青春之地球，青春之宇宙。"① 这成为迎接五四运动到来的一份宣言书，对前期新文化运动有着重要影响。李大钊编的"马克思主义研究专号"，使《新青年》成为宣传马克思主义的阵地，更促使

———————

① 李大钊：《青春》，载《新青年》第二卷第一号，1916 年 9 月 1 日。

新文化运动从反帝反封建的思想运动发展成为马克思主义的思想运动。

　　鲁迅与李大钊在共同的对敌斗争中结下了深厚的友谊。虽然鲁迅年长李大钊七八岁，但他对这位年少于己的战友的文章颇为推崇，并以他为站在同一战线上的伙伴。新文化运动时期的鲁迅，多次提到他的文章是听从先驱者之"将令"的"遵命文学"，是为了"呐喊几声，聊以慰藉那在寂寞里奔驰的猛士，使他不惮于前驱"①。在李大钊所编"马克思主义研究专号"上，鲁迅发表的小说《药》和四篇《随感录》，无疑是用文学的语言回应了这一"将令"。李大钊也曾高度评价鲁迅的小说《长明灯》，说这篇小说是鲁迅"要'灭神灯''要放火'的表示，这是他在《狂人日记》中喊了'救救孩子'之后紧紧接上去的战斗号角"②。

　　李大钊是鲁迅在同辈中所最尊重者。鲁迅谈道，李大钊"给我的印象是很好的：诚实，谦和，不多说话。《新青年》的同人中，虽然也很有喜欢明争暗斗，扶植自己势力的人，但他一直到后来，绝对的不是"③。李大钊担任中共北方区党委书记时编的机关刊物《政治生活》创刊后，为鲁迅所珍爱，现存鲁迅藏书中就有三期《政治生活》，其中就有李大钊以"守常""猎夫"等名发表的文章。李大钊被害后，鲁迅不顾危难，为昔日的战友葬仪捐款，并为其遗作《守常全集》撰写了题记。在题记中，鲁迅高度评价李大钊的遗著："不过热血之外，守常先生还有遗文在……这是先驱者的遗产，革命史上的丰碑。"④

　　提及自己的小说创作时，鲁迅在《我怎么做起小说来》中谈道："这

---

① 鲁迅：《呐喊·自序》，《鲁迅全集》第 1 卷，人民文学出版社 2005 年版，第 441 页。
② 易明善：《李大钊与鲁迅》，《四川日报》1979 年 5 月 6 日。
③ 鲁迅：《南腔北调集·〈守常文集〉题记》，《鲁迅全集》第 4 卷，人民文学出版社 2005 年版，第 538 页。
④ 鲁迅：《南腔北调集·〈守常文集〉题记》，《鲁迅全集》第 4 卷，人民文学出版社 2005 年版，第 539 页。

里我必得纪念陈独秀先生，他是催促我做小说最着力的一个。"①

在《新青年》编辑部，陈独秀是与鲁迅交往较多的一个。陈独秀在《文学革命论》中明确提出"文学革命"的口号，他认为，文学革命的首要问题是以新鲜活泼、言文一致的白话文，代替僵尸般的文言文，即以平民文学代替封建文学，这具有强烈的反对封建思想文化的精神，推动了文学革命的前进。陈独秀对鲁迅及其作品十分赞赏，特别是《狂人日记》发表后，他看到鲁迅的文稿是白话小说的形式，内容又揭露家族制度和礼教的弊害，控诉封建礼教"吃人"的本质，表明这完全与自己的思想吻合，"实在五体投地的佩服"。为此陈独秀特邀鲁迅参加《新青年》编辑部会议。新文化阵营分裂后，《新青年》成为中共中央的机关刊物，陈独秀仍不断表示"很盼豫才先生为《新青年》创作小说"。1920 年 9 月 28 日，陈独秀在致周作人的信中，表示要为鲁迅出版小说集："豫才兄做的小说实在有集拢来重印的价值，请你问他倘若以为然，可就《新潮》《新青年》剪下自加订正，寄来付印。"这些都对鲁迅产生了积极的影响，成为促使鲁迅思想发展、斗志高昂、创作旺盛的一个不可忽视的因素。

对于陈独秀的坦率和夸张，鲁迅在《忆刘半农君》一文中也有一段回忆：

> 《新青年》每出一期，就开一次编辑会，商定下一期的稿件。其时最惹我注意的是陈独秀和胡适之。假如将韬略比作一间仓库罢，独秀先生的是外面竖一面大旗，大书道："内皆武器，来者小心！"但那门却开着的，里面有几枝枪，几把刀，一目了然，用不着提防②。

---

① 鲁迅：《南腔北调集·我怎么做起小说来》，《鲁迅全集》第 4 卷，人民文学出版社 2005 年版，第 526 页。

② 鲁迅：《且介亭杂文·忆刘半农君》，《鲁迅全集》第 6 卷，人民文学出版社 2005 年版，第 74 页。

为了加强文化战线上的左派力量，更有力地同反动势力开展斗争，中共广东区委曾坚决提出聘请鲁迅到中山大学任教。

鲁迅到达广州后，毕磊是主动与其接触的第一个共产党人，他是中共广东区委派去的鲁迅的直接联系人。作为当时学生运动委员会的副书记，又是中山大学学生，毕磊经常去拜访鲁迅，给他介绍广州各方面的情况，分析当前的政治斗争形势，并且将党内的刊物《人民周刊》《少年先锋》《做什么》赠送给鲁迅。这些刊物对鲁迅的思想发展产生了明显的影响，鲁迅在《庆祝沪宁克复的那一边》中所摘引的列宁语录，即原载于《少年先锋》第八期。当毕磊被害的消息传来，鲁迅悲愤交加，在后来所写的文章书信中一再提及，字里行间充满着对毕磊的怀念。他曾经十分惋惜地对许寿裳说："（毕磊）瘦小精悍，头脑清晰，常常来谈天的，而今不来了。"[①] 大屠杀后，反革命者的种种行径深刻地教育了鲁迅，也纠正了他以前只信进化论的偏颇，为了表示对反革命大屠杀的抗议，鲁迅毅然给中山大学当局寄还了聘书。

鲁迅是党的亲密战友，他在晚年时为党做过很多工作，例如保护共产党人瞿秋白同志，为共产党人成仿吾接上组织关系，为中共北方局传递给党中央的报告，这些无一不体现了党和党内人士对鲁迅的信任。在这个时期，鲁迅和党内的同志有了广泛的联系，与不少同志成了亲密的战友。

1931 年，瞿秋白到上海从事革命文化工作，他与鲁迅建立了深厚的友谊，在鲁迅后期思想的形成和发展上起着十分重要的作用。

鲁迅与瞿秋白的前期交往是由冯雪峰作桥梁，开始了频繁的"没有见面"的"亲密"的合作。他们领导左翼文艺运动，开展对文艺战线上的反"围剿"斗争，宣传马克思主义文艺理论，介绍世界进步文化，由此结下

---

① 许寿裳：《鲁迅传》，九州出版社 2017 年版，第 79 页。

了深厚的革命友谊。

瞿秋白在读了鲁迅送给他的《毁灭》以后，在回信中写道："我们是这样亲密的人，没有见面的时候这样亲密的人。"这封信的开头，他就称鲁迅为"敬爱的同志"，而鲁迅在复信中也称瞿秋白为"敬爱的 J·K 同志"，此为现存鲁迅 1700 多封信中，唯一称对方为"同志"的一封。

在 1932 年底至 1934 年初的一年多时间里，瞿秋白夫妇多次避难于鲁迅寓所。瞿秋白选编《鲁迅杂感选集》时，阅读了鲁迅全部的杂文，并多次与鲁迅谈话，最终撰写了长达万字的《序言》。文中精辟而概括地论述了鲁迅思想发展的历程和战斗传统，称他是"从痛苦的经验和深刻的观察之中，带着宝贵的革命传统到新的阵营里来的"。他还肯定了鲁迅在新文化运动、左翼文艺运动以及整个思想文化斗争史上的重要地位。鲁迅在看完此篇后，录写了清代学者何溱的"人生得一知己足矣，斯世当以同怀视之"，赠给瞿秋白，表述了他们肝胆相照、患难与共的珍贵革命友谊。

1935 年瞿秋白被捕，6 月 18 日牺牲于福建长汀。由于消息的阻塞，鲁迅在 7 月 30 日和 8 月 9 日还在设法筹资营救。瞿秋白就义的消息见报后，鲁迅万分悲痛，甚至连执笔写字都振作不起来了。后来，他抱病整理校对了瞿秋白 60 多万字的译著遗文，编成《海上述林》上下两卷，以"诸夏怀霜社"（举国上下都在怀念瞿秋白）的名义出版。对于瞿秋白的牺牲，鲁迅的悲愤是最强烈的，痛悼是最深沉的，他去世前几天，还在致青年木刻家曹白的信中说："'现实'中的论文……原是属于'难懂'这一类的。但译这类文章，能如史铁儿[①]之清楚者，中国尚无第二人，单是为此，就觉得他死得可惜。"[②]

---

① 瞿秋白的笔名。
② 鲁迅：《书信·361015 致曹白》，《鲁迅全集》第 14 卷，人民文学出版社 2005 年版，第 168 页。

1932 年夏天，红军将领陈赓到上海秘密疗伤，鲁迅知道后，请他到家里晤谈。陈赓曾回忆道："他听说我正在上海治病，并几次和冯雪峰讲，邀我到他家去谈谈。我们党也很希望鲁迅先生能把苏区的斗争反映出来，以他的才能、修养，一定可以写的（得）好的，在政治上会起很大的宣传作用。"① 在那次会面中，陈赓为鲁迅讲了许多红军的战斗故事，介绍了红军反"围剿"斗争和根据地的建设情况。当时陈赓随手画了一张鄂豫皖根据地反"围剿"的作战图，鲁迅后来一直珍藏。在当时上海的白色恐怖下，保存这些东西是很危险的，为了躲避国民党的搜查，这些材料要经常移动地方，但是鲁迅一直未舍得焚毁。

方志敏是红十军政委、中国工农红军北上抗日先遣队军政委员会主席。1934 年方志敏抗日北上时，被国民党军队包围，不幸被俘，后在南昌英勇就义。在狱中临危之时，方志敏秘密写信给鲁迅，把他在狱中所写的文稿《可爱的中国》《清贫》托人交给鲁迅，请鲁迅转呈党中央。方志敏与鲁迅素不相识，也没有见过鲁迅，但是他了解鲁迅，他把鲁迅当作可以信赖的人来委托。鲁迅拖着久病的身躯，冒着生命危险，终于把烈士的遗稿辗转交给党中央，没有辜负方志敏同志般的信任。

三 在党的领导下从事革命活动

1937 年 10 月 19 日，在陕北延安公学纪念鲁迅的讲话中，毛泽东曾就鲁迅和党的关系作如下结论："他并不是共产党组织的一人，然而他的思想、行动、著作，都是马克思主义化的。他是党外的布尔什维克。"

从 1929 年开始，鲁迅便同中国共产党保持着非常密切的联系，直接接

---

① 梁柱：《不朽的鲁迅先生》，《红旗文稿》2016 年第 19 期。

受党的领导。当时，中共中央宣传部属下的文化工作委员会受党中央指示，统筹革命文艺界联合工作，鲁迅同文委所派的冯雪峰、冯乃超、夏衍等同志商谈后，欣然赞同。从此，鲁迅就在党的领导下参加革命活动。

鲁迅接受党的战略部署、与共产党人站在同一革命行列的重要标志，就是他参加了"三盟一会"。从 1930 年初起，他先后参加了中国自由运动大同盟、中国左翼作家联盟、中国民权保障同盟和世界反对帝国主义战争委员会远东会议（简称"反战大会"）。在左翼作家联盟中，鲁迅更是参加了领导工作，和党保持着密切的联系。

1930 年底，国民党反动派开始对红色根据地发动大规模的军事"围剿"，与此同时，在国统区内封期刊、禁书报，囚禁和杀戮进步作家，实行残酷的文化"围剿"。但是左翼文艺运动在党和鲁迅的领导下顽强地开展起来，左翼作家尤其是地下党员作家无惧牺牲，进行了各种文化宣传活动。

1931 年 1 月 17 日，左联五位作家——柔石、李伟森、胡也频、殷夫、冯铿在参加党内一次集会时被捕，后被秘密杀害。鲁迅得知消息后，痛感自己失去了并肩作战的青年战友，中国失掉了英勇的青年战士。在悲愤中，他吟就一首七律：

> 惯于长夜过春时，挈妇将雏鬓有丝，
> 梦里依稀慈母泪，城头变幻大王旗。
> 忍看朋辈成新鬼，怒向刀丛觅小诗，
> 吟罢低眉无写处，月光如水照缁衣。

鲁迅用这首诗深切悼念在敌人屠刀下牺牲的革命烈士，控诉反动派的暴行，表达他誓同敌人战斗到底的坚强决心。

反动派为了掩盖杀人的罪责，严密封锁消息，当时的一些报刊不准、也不敢披露这些消息，鲁迅不顾个人安危，冲破敌人的重重封锁，把反动派的法西斯暴行公布于众。冯雪峰编辑的左联秘密刊物《前哨》第一期"纪念战死者专号"出版，鲁迅在上面发表了《中国无产阶级革命文学和前驱的血》和《柔石小传》，歌颂了柔石等左联五烈士的英勇事迹，对国民党反动派的黑暗统治和反革命文化"围剿"进行了揭露和谴责。接着他又写了《黑暗中国文艺界的现状》，托美国的革命作家史沫特莱译成英文，寄到美国进步刊物《新群众》杂志发表，向全世界控诉国民党反动派屠杀中国青年进步作家的罪行。考虑到当时的政治气氛，史沫特莱很为鲁迅的安全担忧，但鲁迅坚定地认为必须有人出来说话！

鲁迅想到柔石生前非常喜爱德国女版画家凯绥·珂勒惠支的版画，在柔石牺牲后，他将珂勒惠支木刻《农民战争》组画中的《牺牲》送左联刊物《北斗》创刊号发表，称其是"一个母亲悲哀地献出她的儿子去的，算是只有我一个人心里知道的柔石的纪念"①。两年后，他又写了《为了忘却的记念》，作为对柔石等左联五烈士难以忘却的纪念，深切悼念牺牲了的年轻战友。

1935 年底，中国共产党制定了抗日民族统一战线政策，鲁迅说："我是看见的，我是拥护的，我无条件地加入这战线。"② 在当时的上海文艺界，宣传和组织广泛的抗日民族统一战线，成为大家最关心的问题。虽然党的抗日民族统一战线大方向一致，在革命文学的阵营内部，出现了"国防文学"和"民族革命战争的大众文学"两个口号的论争。当时上海左翼文艺运动的党内领导者提出"国防文学"的口号，号召各阶层、各派别的作家参加抗日民族统一战线。但由于对这一口号的阐释不清，鲁迅等人遂提出了"民族革命战争的大众文学"的新口号，以补救"国防文学"在文

---

① 鲁迅：《集外集拾遗补编·凯绥·珂勒惠支木刻〈牺牲〉说明》，《鲁迅全集》第 8 卷，人民文学出版社 2005 年版，第 350 页。

② 鲁迅：《且介亭杂文末编·答徐懋庸并关于抗日统一战线问题》，《鲁迅全集》第 6 卷，人民文学出版社 2005 年版，第 549 页。

学思想意义上的不明确性。鲁迅认为："无产阶级革命文学运动……到现在更具体地，更实际斗争地发展到民族革命战争的大众文学……新的口号的提出……是将这斗争更深入扩大，更实际，更细微曲折，将斗争具体化到抗日反汉奸的斗争……不分阶级和党派，一致去对外。这个民族的立场，才真是阶级的立场。"①

鲁迅是在中国革命处在低潮的情况下，毅然站到革命营垒中来的。从此以后，他没有犹豫、观望和动摇过。对于中国共产党，鲁迅怀着无限深厚的敬意和爱戴，他坚决拥护党的路线和政策，并且自认为是这个光荣的战斗队伍中的一员："那切切实实，足踏在地上，为着现在中国人的生存而流血奋斗者，我得引为同志，是自以为光荣的。"②

四　有一分热　发一分光——对青年的影响

在新文化运动时期，新旧思潮激烈交战，东西方文化融会撞击，思想的大解放造就了纷繁复杂的文学现象，新思潮唤醒了广大的青年——现代意识促使他们追求人生价值和美好理想，而现实的黑暗压迫又使得他们感到苦闷与失望。鲁迅就是那个调动青年走向精神幽深之地的人。他把苦闷、无方向感的青年从无望里激活了。许多青年阅读鲁迅文章的时候，仿佛地窖里透进了风，有清爽的感觉，又如晨曦的喷薄，有了光明的冲动。

鲁迅给予青年精神上的力量，然而他对青年成长的关怀，不是为了某些青年个人，而是为了中国的前途。在鲁迅看来，青年是未来，他们有希

---

① 鲁迅：《且介亭附集·论现在我们的文学运动》，《鲁迅全集》第 6 卷，人民文学出版社 2005 年版，第 612 页。

② 鲁迅：《且介亭附集·答托洛斯基派的信》，《鲁迅全集》第 6 卷，人民文学出版社 2005 年版，第 610 页。

望成为中国的脊梁，承担起拯救中华的重任。

鲁迅来到上海后，大力倡导新兴木刻。他认为，"当革命时，版画之用最广，虽极匆忙，顷刻能办"[①]。木刻版画是适合于现代中国的一种艺术。

从 1928 年 11 月起，鲁迅与文艺青年柔石等人组织了一个文艺团体"朝花社"，出版《艺苑朝花》，积极输入外国版画。他主编的《奔流》等刊物，也不时对木刻加以介绍。他还用中国的宣纸换来优秀的苏联木刻，编辑出版，因为这些作品都是用白纸换来的，所以取"抛砖引玉"之意，谓之《引玉集》。1931 年 8 月，鲁迅开办木刻讲习班，邀请日本木刻家内山嘉吉讲授木刻技法，并亲自担任翻译。

鲁迅希望中国的木刻青年既有民族传统的继承与革新，又有外国成果的学习与借鉴。可"斟酌汉唐的石刻画像，明清的书籍插图，并留心民间所玩赏的所谓'年画'，和欧洲的新法融合起来"[②]。他与郑振铎合编《北平笺谱》和《十竹斋笺谱》，向青年介绍中国古代套色木刻艺术。另外，他还收录中国青年木刻家一工（黄新波）、何白涛、李雾城（陈烟桥）、陈铁耕、陈普之、张致平（张望）、刘岘、罗青桢八人的 24 幅作品，自费编辑出版了《木刻纪程》。在这本木刻集的序言中，鲁迅对木刻青年创作提出了希望："采用外国的良规，加以发挥，使我们的作品更加丰满是一条路；择取中国的遗产，融合新机，使将来的作品别开生面也是一条路。"[③]

跟左翼文学一样，新兴木刻也是战斗的，是为人民大众的现在和将来服务的。鲁迅认为，伟大的艺术不能躲在象牙塔里。他鼓励青年创作一些表现理想、批判现实、关注百姓生活苦难、展现未来希望的作品。

---

① 鲁迅：《集外集拾遗·〈新俄画选〉小引》，《鲁迅全集》第 7 卷，人民文学出版社 2005 年版，第 363 页。

② 鲁迅：《书信·350204 致李桦》，《鲁迅全集》第 13 卷，人民文学出版社 2005 年版，第 373 页。

③ 鲁迅：《且介亭杂文·〈木刻纪程〉小引》，《鲁迅全集》第 6 卷，人民文学出版社 2005 年版，第 50 页。

鲁迅从青年的身上感受到一种蓬勃的朝气。他看到了青年的想象力和创造性，看到了他们对改变自身环境的渴望；他引导青年去拥有个性的意识，关注他人并且直面现实；他欣赏青年身上"知其不可为而为之"的战斗精神，以及"在没有路的地方走路"的实践勇气。鲁迅对于青年的生活也很关心，对于有困难的进步青年，还常常慷慨解囊，倾力相助。

鲁迅培育青年的指导性观点散见于杂文中，从他给年轻人的作品或译品所作序引的范围之广，可见其呕心沥血的育人精神。例如黎锦明的《尘影》，叶永蓁的《小小十年》、柔石的《二月》、葛琴的《总退却》、叶紫的《丰收》、萧军的《八月的乡村》、萧红的《生死场》、白莽①的《孩儿塔》，以及向国外介绍二十多位青年作家的《草鞋脚》，还有孙用所译《勇敢的约翰》、贺非所译《静静的顿河》、曹靖华所译《苏联作家七人集》等。鲁迅为这些著译品所写的序言题引，没有一篇言之无物、敷衍塞责。通过对青年后辈的著译品的评介，他指出其社会意义、思想和艺术价值，同时又阐发了自己的爱国主义。

1934 年，萧军和萧红从东北沦陷区流亡到上海后，写信向鲁迅求教，鲁迅立即回信，从思想上和经济上给予他们关怀和帮助，还给他们介绍叶紫、聂绀弩等年轻战友相识，并亲自操持他们的作品出版，从而使两位流亡青年在上海滩立足，蜚声文坛。

在杭州邮局工作的青年孙用，把他业余所译莱蒙托夫的诗寄给鲁迅，遂被接受而刊登于《奔流》。后来他又将匈牙利爱国诗人裴多菲的长诗《勇敢的约翰》寄去，鲁迅不辞劳苦地为这个未谋一面的青年校改译文，设计版式，选择插图，联系出版，甚至帮他垫付制版费和版税，如此操劳周折，前后达两年之久。

---

① 即殷夫。

鲁迅鼓励青年革命，却反对盲目无谓的牺牲。他为那些逝去的生命感到痛惜，更希望青年们首先能够珍爱自己的生命，对自己的人生有一个更加明确、长远的规划。

> 如磐夜气压重楼，剪柳春风道九秋。
> 瑶瑟凝尘清怨绝，可怜无女耀高丘①。

这首感人的悼亡诗是鲁迅为丁玲所作。鲁迅的旧体诗，大多用来题赠友人，自己主动公开发表的，这是唯一一首。有趣的是，丁玲当时健在。1933 年 5 月 14 日，丁玲被国民党特务秘密绑架，幽禁于南京。由于丁玲在一段时间内下落不明，鲁迅猜测丁玲已经遇害，于是写就了这首《悼丁君》。诗中他把湖南籍的丁玲喻为鼓瑟而歌的湘灵女神，以"高丘"喻祖国，暗指丁玲已遭敌人的毒手，祖国再也听不到她清丽哀婉的歌声了。鲁迅逝世不久，鲁迅治丧委员会就收到了丁玲署名"耀高丘"致许广平的悼函，丁玲是用此诗最后一句"可怜无女耀高丘"的最后三字作为署名，真挚亲切，令人感动。

鲁迅晚年肺病日益严重，许多朋友都希望他能转地疗养。苏联方面早就邀请鲁迅去游历和疗养，请他全家都去。国际友人史沫特莱一再动员，鲁迅总是犹豫不决，她只好请茅盾帮忙动员。鲁迅担心出国就会脱离国内实际，变成了聋子和瞎子。茅盾告诉他，可以把国内的书刊逐日汇齐交给苏联方面，在国外还可以写文章寄回国内发表。鲁迅算了算路途来往的时间，然后说道："杂文都是根据当时情况，匕首一击，事隔一月，岂不成了明日黄花了吗?"茅盾安慰他说："你的文章击中敌人要害，尽管迟一点，还是能够振奋人心，虎虎有生气的。"而鲁迅念念不忘的是工作，是

---

① 鲁迅:《集外集·悼丁君》,《鲁迅全集》第 7 卷，人民文学出版社 2005 年版，第 159 页。

战斗。茅盾最终也无法说服他，只好把鲁迅的话转告史沫特莱：“大先生说：‘轻伤不下火线！’”①

毛泽东在《新民主主义论》中有两处直接对鲁迅的评价。他在论述五四以来中国锻造了一支完全崭新的文化生力军时说：“而鲁迅，就是这个文化新军的最伟大和最英勇的旗手。鲁迅是中国文化革命的主将，他不但是伟大的文学家，而且是伟大的思想家和伟大的革命家。鲁迅的骨头是最硬的，他没有丝毫的奴颜和媚骨，这是殖民地半殖民地人民最可宝贵的性格。鲁迅是在文化战线上，代表全民族的大多数，向着敌人冲锋陷阵的最正确、最勇敢、最坚决、最忠实、最热忱的空前的民族英雄。鲁迅的方向，就是中华民族新文化的方向。”②

（作者系北京鲁迅博物馆〔北京新文化运动纪念馆〕馆员）

---

① 茅盾：《鲁迅说：“轻伤不下火线！”》，《人民文学》1976 年第 6 期。
② 《毛泽东选集》第 2 卷，人民出版社 1991 年版，第 698 页。

头上照耀着红星

——郭沫若的红色岁月

姚泽惠　宋伟伟

一　百年诗人初长成　江湖浪迹一沙鸥

1892 年 11 月 16 日，在四川峨眉山下大渡河西南岸的沙湾镇郭家，一个在母胎中躁动已久的小生命，以非同寻常的脚先出来的方式，踏出了"叛逆者的第一步"①。郭沫若的母亲在怀孕时，曾梦见一只豹子扑进她怀里，咬住她左手虎口，吓得她猛然惊醒。郭家的祖训是"子孙虽愚，经书不可不读"，所以名字有一"文"字，又从此梦取一"豹"字，"文豹"便成了这个呱呱坠地的婴儿的乳名。母亲为了纪念在郭沫若之前夭折的三位兄姐，便唤他一声"八儿"。一直到 1919 年首次发表新诗时，"沫若"这个笔名才第一次面世，这是由其故乡两条河流的名称合并而来，沫水即大渡河，若水是指青衣江，取此名号，意在不忘故土。

长辈中对幼年郭沫若影响最深的是他的母亲杜邀贞，虽然她没上过学堂，却能背诵许多唐诗宋词，郭沫若咿呀跟读，这些诗也成为他的文学启蒙。郭沫若刚满四岁半，就被父亲送入家里的私塾，从这天开始，学名"开贞"的郭沫若，就跟从前自由自在的童年生活正式告别了。家塾沈先

---

① 郭沫若：《我的童年》，《郭沫若全集》（文学编）第 11 卷，人民文学出版社 1992 年版，第 17 页。

生的管教非常严厉，不仅白天要学经，晚上还要读诗。年幼的孩童哪能忍受这种单调的生活，郭沫若才上三天就开始逃学。

在同辈中，郭沫若最聪明，但也最顽劣，这从私塾学习生活就有所体现，而在日后的求学生涯中，他还有两次被劝退的经历。第一次是读高小最后一学期，因为他做了反抗校方取消请假制度的领头羊，被检举斥退。第二次是在嘉定中学，因为他给被营防军无理殴打的学生讨个说法，再一

图一 青少年时期的郭沫若

次遭到学校的斥退。摧残少年天性的旧的教育制度，无知教员开设的滑稽课堂，这一切都成了郭沫若渴望离开"井底"、一览天地的催化剂（图一）。

1910 年 2 月，郭沫若走水路前往成都，插班成都高等学堂。尽管这里仍然充斥着不学无术的教员、混文凭的学生，但是比起狭小的县城，年轻的郭沫若第一次受到革命情绪的感染。1911 年，随着辛亥革命的爆发，深受触动的郭沫若产生了对民主的向往，于是他写下一首《咏牡丹》：

> 绝代豪华富贵身，艳色娇资自可人。
> 花国于今非帝制，花王名号应图新①。

郭沫若借由这首诗，表达了对理想中国的向往。然而没过多久，辛亥

---

① 龚济民、方仁念：《郭沫若传》，北京十月文艺出版社 1988 年版，第 18 页。

革命的胜利果实被袁世凯窃取，郭沫若从怀疑到失望，从怅惘到迷茫，悲愤几乎让他夜不能寐。此时，远在家乡的父母替他许下了一门亲事。当郭沫若见到裹着小脚、容貌不尽如人意的新娘，一心只想逃离，这也加速了郭沫若离乡的步伐。

1913 年 12 月，郭沫若在大哥的朋友张次瑜的帮助下，得到了去日本留学的机会。"久欲奋飞万里游，茫茫大愿总难售。"① 喜出望外的郭沫若在心里暗暗发誓：此去如半年之内考不上官费学校，我就跳进东海淹死，我没有面目再和大哥见面。

抵达日本已是 1914 年初，在这里，郭沫若度过了人生中最勤勉的一段时期。从第一天起，他就拼命读书，节衣缩食，不仅戒了烟酒，甚至不坐电车。1914 年 2 月 12 日，郭沫若在家书里对父亲说："不苦不勤，不能成业。男前在国中，毫未尝尝辛苦，致怠惰成性，几有不可救药之概；男自今以后，当痛自刷新，力求实际学业成就，虽苦尤甘。"② 7 月到了，郭沫若榜上有名，成功考取东京第一高等学校，并于次年顺利升入冈山第六高等学校第三部医科。

整天钻研医学有时会让人感到厌倦，这种厌倦往往要到文学中去消解。求学期间，郭沫若结识了成仿吾、张资平、郁达夫等人。几个人都怀有报国之心和对文学的狂热，所以他们一拍即合，结下了深厚的友谊，并相约一起开办文学杂志。

1918 年 11 月 11 日，德国正式宣布投降，第一次世界大战结束，随后在 1919 年召开的巴黎和会上，出现了让中国人感到屈辱和愤怒的一幕。帝国主义列强不仅拒绝了中国提出的取消"二十一条"、收回山东权益的合理

---

① 龚济民、方仁念：《郭沫若传》，北京十月文艺出版社 1988 年版，第 22 页。
② 郭沫若：《樱花书简》，四川人民出版社 1981 年版，第 13 页。

要求，而且做出了将德国在山东的权益转交给日本的决定。1919 年 5 月 4 日，中国爆发了轰轰烈烈的五四运动。虽然迫于国内压力，中国代表团拒绝在凡尔赛合约上签字，但是郭沫若已经彻底看清了北洋政府的真面目。

为了与国内的斗争相呼应，1919 年 6 月，郭沫若与夏禹鼎、刘先登、钱潮等人成立"夏社"，除了收集、翻译日本人仇视中国的文字，还发表抗日救国的文章，郭沫若几乎承揽了全部的翻译和撰写任务。为了及时了解国内动态，夏社订阅了《时事新报》，该报的文艺副刊《学灯》主要刊登一些新诗，风格活泼。郭沫若偶然读到了康白情的《送慕寒往巴黎》。这首新诗的语言表达方式给了他很大启发——原来这就是中国的新诗，那么我的作品未尝不可以发表。于是郭沫若将自己平时的作品整理出来，署名"沫若"，满怀期待地寄给了《学灯》。不久《学灯》将郭沫若的投稿几乎尽数出版，编辑宗白华更是对他大加赞赏，还经常与郭沫若通信。这一切燃起了郭沫若的作诗热情，他几乎日日沉醉在诗里，"个人的郁积，民族的郁积，在这时找出了喷火口，也找出了喷火的方式"①。收录在《女神》中的那些蜚声文坛的诗作，大多创作于这个时期（图二、图三）。

图二　创作《女神》等诗作
时期的郭沫若

郭沫若怀着灼热的爱，诚挚地歌唱着祖国的新生。在他的笔下，此时

---

① 郭沫若：《序我的诗》，《郭沫若全集》（文学编）第 19 卷，人民文学出版社 1992 年版，第 408 页。

图三　《女神》封面

的中国已经换了天地，就像"一位很葱俊有进取气象的姑娘"，就像他的"爱人样"。在这段时间内，郭沫若仿佛得到了诗神的眷顾，灵感随时随地喷涌而出。一次在课堂上，不知从哪儿传来"即即""足足"的鸟鸣声，引起了他的注意，这会是古代的神鸟"菲尼克司"在苦鸣吗？还是中国所说的在烈火中涅槃重生的凤凰？当天晚上郭沫若正要入睡，突然而至的灵感驱散了睡意，于是他伏在枕头上奋笔疾书，一首传世之作《凤凰涅槃》诞生了：

……

啊啊！

生在这样个阴秽的世界当中，

便是把金刚石的宝刀也会生锈！

宇宙呀，宇宙，

我要努力地把你诅咒：

你脓血污秽着的屠场呀！

你悲哀充塞着的囚牢呀！

你群鬼叫号着的坟墓呀！

你群魔跳梁着的地狱呀！

你到底为什么存在？

……

我们更生了，

我们更生了。

一切的一，更生了。

一的一切，更生了。

我们便是他，他们便是我，

我中也有你，你中也有我。

我便是你，

你便是我。

火便是凰。

凤便是火。

翱翔！翱翔！

欢唱！欢唱！

……①

从 1919 年下半年到 1920 年上半年，郭沫若创作了《地球，我的母亲》《炉中煤》《天狗》等几十首新诗，后来都收录在诗集《女神》中，并点燃了千千万中国青年心里的革命火焰。闻一多在《〈女神〉之时代精神》中，极大地肯定了《女神》诗集，认为"《女神》真不愧为时代底一个肖子"②。

自 1915 年开始，新文化运动以摧枯拉朽之势涤荡了几千年来的封建文学，在郭沫若心中激起了强烈的共鸣。郭沫若、成仿吾、郁达夫等留日青

---

① 郭沫若：《凤凰涅槃》，《郭沫若全集》（文学编）第 1 卷，人民文学出版社 1992 年版，第 37 ~ 43 页。

② 闻一多：《〈女神〉之时代精神》，《创造周报》1923 年 6 月第 4 号。

年一致认为，"新文化运动已经闹了这么久，现在国内杂志届的文艺，几乎把鼓吹的力气都尽消了。我们若不急挽狂澜，将不仅那些老顽固和那些观望形式的人要嚣张起来，就是一班新进亦将自己怀疑起来了"①。在这种想法的驱动下，1921 年 6 月 8 日下午，几个年轻人挤在一间燥热狭小的屋子里，成立了一个文学团体——创造社，同时决定出版一本新文学刊物，取名为《创造》，并且赶赴上海筹办（图四）。

1922 年 5 月 1 日，《创造》季刊由上海泰东图书局出版（图五）。此刊一出石破天惊，被这文艺新声唤醒的广大青年，将雪片般的书信寄到郭沫若的编辑室。这薄薄信纸写满了入社的渴盼、为中华民族崛起而披肝沥胆的决心，郭沫若读罢每每热泪盈眶。在"创造"钟声的召唤下，越来越多

图四　创造社主要成员合影，
左二为郭沫若

图五　《创造》季刊第一卷第一号

---

① 郭沫若致田寿昌信，《南国月刊》1930 年 3 月第二卷第一期。

的有志青年加入创造大军，为创造社不断增添有生力量。1923 年，《创造日》《创造周报》相继创刊。"每逢星期六的下午，四马路泰东书局的门口，常常被一群一群的青年所挤满。从印刷所刚搬运来的油墨未干的周报，一堆又一堆地为读者抢购净尽。定（订）户和函购的读者也陡然增加，书局添人专管这些事。"① 作为创造社的元老，郭沫若先后前往上海大学、中华学艺社年会进行演讲。

二 今朝唯我少年郎 敢问天地试锋芒

郭沫若先后接受了私塾旧式教育和新式学堂教育，在思想上具有高度的包容性和创新意识。新文化运动如火如荼时，十月革命一声炮响，马克思主义先进思想传入中国。郭沫若对于共产主义的崇拜，最早出现在他的诗集《女神》序诗中："我愿意成个共产主义者""我是个无产阶级者！"② 实际上，身在日本的郭沫若对于马克思主义思想和中国共产党一无所知，以至于他在《巨炮之教训》中，用"追求自由、民主、博爱资本主义革命目标的人物"来形容列宁③。

郭沫若开始了解并信仰共产主义，是 1924 年他翻译日本经济学家河上肇的《社会组织与社会革命》一书。这本书由河上肇在《社会问题研究》期刊所发表的文章编纂而成，在当时的日本文学界风靡一时，也是日本早期马克思主义学说的代表作。翻译这本书足足花了郭沫若两个月的时间，他边读边译，不时为书中的精辟言论所折服。在写给成仿吾的信中，郭沫

---

① 郑伯奇：《二十年代的一面》，《文坛》1942 年 3 月刊。
② 郭沫若：《女神序诗》，《郭沫若全集》（文学编）第 1 卷，人民文学出版社 1992 年版，第 3 页。
③ 郭沫若：《巨炮之教训》，《郭沫若全集》（文学编）第 1 卷，人民文学出版社 1992 年版，第 112 页。

若感叹："我现在成了个彻底的马克思主义的信徒了！马克思主义在我们所处的时代是唯一的宝筏。""这书的译出在我一生中形成一个转换的时期，把我从半眠状态里唤醒了的是它，把我从歧路的彷徨里引出了的是它，把我从死的暗影里救出了的是它。我对于作者是非常感谢，我对于马克思列宁是非常感谢。"① 从这个时候开始，郭沫若抛下了以往的偶像——泰戈尔、惠特曼、庄子，背离了从前信奉的"文学应忠实于自己内心的要求"，正式开始了自己的马克思主义探索历程，他坚定地登上这艘"宝筏"，期待有一天能够登上共产主义的彼岸。同年，中国共产党与孙中山所领导的中国国民党达成第一次合作，轰轰烈烈的大革命即将爆发。大革命是 1924 年至 1927 年在中国大地上发生的第一次国内革命战争，这是郭沫若投身于中国革命运动的开端。

早在 1925 年，郭沫若便通过蒋光慈认识了共产党人瞿秋白，二人开始密切交流。1926 年 2 月，因瞿秋白举荐，郭沫若收到了来自广东大学的聘用信。当时的广东是革命的大本营，这份聘书正合郭沫若心意。同年 3 月抵达广州后，郭沫若先是前往林伯渠居所，在那里他第一次遇见了毛泽东。当时的毛泽东正全心全意地扎根农村，开展广东农民运动，他一见到郭沫若，就激动地介绍革命形势。由于郭沫若从小患有耳疾，听力很差，毛泽东低沉的声音再加上一口湖南话，使得郭沫若连三成也没听清。尽管如此，这次会面还是给郭沫若留下了深刻的印象。与共产党人的亲密接触，进一步加深了郭沫若信奉马克思主义的坚定和执着。

当时郭沫若只是以广东大学文科学长的身份活跃在文化界，真正推动郭沫若从文艺工作者转变为革命实践者的是周恩来。周恩来把郭沫若约到

---

① 王训昭、卢正言等编：《郭沫若研究资料》（上），中国社会科学出版社 1986 年版，第 204、206 页。

自己的住处，将革命形势和统一战线的情况一一说明，郭沫若随即表示，只要对国家、革命有益，任君差遣，毫无多言。北伐战争即将开始之际，孙炳文在周恩来的示意下，向蒋介石推荐了郭沫若。鉴于郭沫若非共产党员的身份和著名文学家的社会地位，蒋介石毫不犹豫地将其收入麾下，他委派郭沫若担任军委总政治部宣传科长，不久晋升为政治部副主任，并授予中校军衔。

1926 年 7 月 1 日，国民政府正式颁布北伐动员令。7 月 9 日，国民军誓师北伐，兵分西、东、中三路，矛头直指吴佩孚和孙传芳。郭沫若辞去广东大学的职务，随军北伐。北伐战争中，郭沫若虽然没有上前线，但是他在沿途开展宣传演讲活动，不断鼓舞将士们，并且慰问伤员和家属，展现了非同一般的组织能力。同年 11 月，北伐军攻克南昌，郭沫若也日渐取得蒋介石的信任，兼任总政治部南昌办事处主任。

经过革命之火的历练，郭沫若加入中国共产党的心情日益迫切。早在 1926 年 11 月，他就给身在上海的陈独秀去信，要求早日入党。陈独秀在赞许之余也真诚地说，要入党必须严格遵循组织的规章制度，他本人不能越过组织接受郭沫若的申请，于是郭沫若入党的计划暂时搁置。

看似平静的海面之下总有暗流涌动，在国共合作北伐的大背景下，暗藏着两种完全不同的建国思路。国民党推翻军阀的目的是建立一个新的资产阶级国家，共产党则是希望在结束割据后建立工农政权。随着北伐战争走向高潮，国共两党的分歧日益明显。蒋介石从合作一开始就对共产党人抱有警惕，他之所以重用郭沫若，有很大一部分原因是他并未加入中国共产党。尽管蒋介石极力拉拢郭沫若，郭沫若还是透过他的一系列残忍行径看清了他的真面目。

1927 年 3 月，赣州总工会委员长、共产党员陈赞贤被杀，万分悲痛的郭沫若立刻将案件报到蒋介石处，请求惩办肇事者。蒋介石虽然对报告做了批示，但是只允许登报，并未电告赣州付诸行动，这一纸空文引起了郭沫若的怀疑。紧接着发生了"三一七"惨案，九江市党部和总工会被暴徒捣毁。当天蒋介石还特意差遣郭沫若上庐山，视察阵亡将士墓工程。此时的郭沫若还对蒋介石抱有幻想，以为他是不了解暴徒的恶行，便敦请蒋介石发兵镇压，结果仍被敷衍塞责，不了了之。仅仅过了不到一周，在接下来发生的安庆惨案中，国民党安徽省党部和各种合法民众团体遭到不明袭击，蒋介石对此事仍是不以为意。敏锐的郭沫若感觉到了不平常，为了搞清楚事情真相，他只身来到蒋介石的总司令部。当时蒋介石正在会客厅面客，与郭沫若一同在大厅等候的是蒋介石的心腹——安庆电报局局长，他将郭沫若看作自己人，便与他亲切地寒暄起来。聊到蒋介石交给他的秘密任务，此人说他已经根据命令，在九江、安庆、芜湖、南京、上海一带联络好了青红帮，打算走一路打一路，专门打赤化分子。听到这里郭沫若恍然大悟，原来蒋介石早就打算向共产党人下黑手了！趁着蒋介石前往上海谋划下一步，郭沫若化名"高浩然"，迅速逃离安庆，藏到南昌的朱德家中，在这里，他写下了著名的《请看今日之蒋介石》。在这篇讨蒋檄文中，郭沫若细数了最近发生的惨案，并且详述自己在总司令部的所听所见，对蒋介石违背诺言、屠杀革命同志的可耻行径进行揭露：

> 他对待民众就是这样的态度！一方面雇佣流氓地痞来强奸民意，把革命的民众打得一个落花流水了，他又实行用武力来镇压一切。这就是他对于我们民众的态度！……现在我们把他的假面具揭穿了。在安庆"三·二三"之变我看出了他的真相来，他不是为群小所误，他根本是一个小人！①

---

① 郭沫若：《请看今日之蒋介石》，《郭沫若全集》（文学编）第13卷，人民文学出版社1992年版，第143页。

在揭露之余，郭沫若也极力鼓动革命战士开展反蒋斗争：

> 同志们，我们赶快把对于他的迷恋打破了吧！把对于他的顾虑消除了吧！国贼不除，我们的革命永远没有成功的希望，我们数万战士所流鲜血便要化成白水，我们不能忍心看着我们垂成的事业就被他一手破坏，现在凡是有革命性、有良心、忠于国家、忠于民众的人，只有一条路，便是起来反蒋！反蒋！①

在许多革命战士都对蒋介石的作为捉摸不透，不知该如何选择革命阵营的关键时刻，郭沫若不畏个人生死，第一个站出来揭露蒋介石的罪行，并呼吁战士们反蒋，这既是郭沫若真正成为无产阶级革命者的标志，也彰显了他日渐鲜明的政治倾向（图六）。

这篇文章很快在《中央日报》上刊载，但共产党个别领袖却依旧坚持拉拢蒋介石，郭沫若的言论不仅没有被重视，甚至一度被党内的"左派"成员冷落，这让他感觉到前所未有的苦闷和担忧。1927年4月4日，郭沫若在日记中这样写道：

> 革命的悲剧，大概是要发生了，总觉得有种螳臂当车的感觉。此次的结果或许是使我永远成为文学家的机缘，但我要反抗到底。革命的职业可以罢免，革命的精神是不能罢免的②。

1927年4月12日，蒋介石发动了蓄谋已久的四一二反革命政变，毫无戒备的中国共产党人惨遭屠杀，国共合作彻底破裂。郭沫若的处境也变

---

① 郭沫若：《请看今日之蒋介石》，《郭沫若全集》（文学编）第13卷，人民文学出版社1992年版，第149页。
② 郭沫若：《脱离蒋介石以后》，《郭沫若全集》（文学编）第13卷，人民文学出版社1992年版，第174页。

图六　郭沫若著《请看今日之蒋介石》

得危急起来。同年 5 月，蒋介石发出通缉郭沫若的命令，悬赏三万元。一时间革命走入重重迷雾，郭沫若的心情也低落到极点。8 月 1 日，中国共产党领导部分国民革命军在南昌举行武装起义，打响了武装反抗国民党反动派的第一枪，这再次唤起郭沫若对革命的热情。尽管郭沫若没有到场，他仍被党中央任命为革命委员会委员、主席团成员、宣传委员会主席兼总政治部主任。郭沫若得知这个消息后兴奋不已，他连夜奔赴南昌。到达南昌后，郭沫若跟随部队一起南下，重返广东革命根据地，打算积聚力量重整山河。在行军路上，郭沫若患了痢疾，身体十分虚弱，但是依旧坚持宣传革命，贴标语，唱红歌，努力调动大家的情绪。部队途经宜黄、广昌、宁都、石城，在壬田与敌军相对，初战告捷，一举攻下了瑞金、会昌，大败蒋介石嫡系钱大钧部。这场战役之后，郭沫若感觉自己终于找到了中国革命的正确方向。

三　同心共济　始终如一

郭沫若与中国共产党的关系是错综复杂的，他曾两次入党，并且在第一次入党后，以无党派人士的身份参加革命 31 年。直到 1978 年郭沫若去世后，他的夫人于立群才讲出这段非同寻常的经历。之后在中共中央为郭沫若举行的追悼大会上，正式宣布郭沫若的入党时间为 1927 年。

郭沫若第一次加入中国共产党，正值共产党处于极其危险的境地、意志不坚定的党员纷纷退党或脱党的时期，所以尤其显得可贵。1927 年 9 月初，起义军行至会昌，与国民党打了一场硬仗，战役结束后，郭沫若、贺龙申请加入中国共产党。在瑞金河边的小学教室里，举行了郭沫若、贺龙的入党仪式，入党介绍人是周恩来、李一氓，张国焘以中共中央代表的身份领读入党誓词。据朱其华回忆："沫若自从加入了共产党以后，精神似乎比以前更好了。"[1] 从这个时候开始，郭沫若终于成为一名真正的共产党员，他的后半生都与共产党紧密相连，都是在为共产主义事业而不懈奋斗。

1927 年 10 月，起义军总政治部在流沙附近的战斗中被敌军打散，郭沫若也掉了队，失去了与大部队的联系。郭沫若一行人在革命群众的帮助下躲藏十天后，从神泉前往香港。在四处躲藏的日子里，郭沫若开始反思自己一年多来的革命历程："革命是人民的大翻身，人民没有动，革了什么命呢？两千多年来的封建关系丝毫没有动，革了什么命呢?"[2] 对于被打

---

① 朱其华：《一九二七年底回忆》，上海新新出版社 1933 年版，第 323 页。
② 郭沫若：《神泉》，《郭沫若全集》（文学编）第 13 卷，人民文学出版社 1992 年版，第 268 页。

散的战友，信息闭塞的郭沫若始终牵挂着，因为自己的失误没跟上大部队，他感到十分自责："这在我个人，正应该是生平的一个大失败！要怎样来补偿这个失败，使我自己对于革命，能够多少有点什么贡献呢？"① 疑惑和自责之外，更多的是他对革命的坚定和决心，只要保留革命的火种，迟早有一天红色的火焰会驱散所有的黑暗，还中国一个光明的未来。

逼仄而封闭的香港生活让郭沫若十分苦闷。1927 年 11 月，郭沫若赶赴上海与亲人团聚，一派其乐融融的背后，实际是危机四伏。蒋介石对郭沫若的通缉令始终没有撤销，在上海的党支部也接二连三地遭到突袭，革命同志不断被杀害。在与周恩来商量之后，郭沫若决定出走日本。1928 年2 月 24 日，郭沫若化名"吴诚"，以去东京考察教育的南昌大学教授的身份，独自登上日本邮船"卢山丸"。为了安全起见，郭沫若的妻子和孩子乘坐"上海丸"，双方约定好在神户汇合。就这样，郭沫若开始了他长达十年的流亡生涯。

郭沫若抵达日本时，日本的政治气候也变得十分严峻。他到达市川不足十天，日本政府发动"三一五"事件，大肆逮捕共产党员和进步人士，紧接着又下令解散工农革命组织和无产阶级青年同盟。此时的郭沫若在日本人眼中，早就不是当年的天才诗人，而是"左派要人"，一个名副其实的政治犯。尽管郭沫若从抵日第一天起就小心翼翼、隐姓埋名，还是被日本警方获悉真实身份。经历了三天拘押和精神折磨之后，郭沫若的身边多了许多便衣警察。日本警察局美其名曰"保护"，实际上就是严密监视，这种监视持续了十年，"从一间窄的牢房被移进宽的牢房，从一座小的监狱被移进大的监狱"②。无法从事革命工作的郭沫若没有消沉，而是投入中

---

① 郭沫若：《神泉》，《郭沫若全集》（文学编）第 13 卷，人民文学出版社 1992 年版，第 268 页。
② 郭沫若：《我是中国人》，《郭沫若全集》（文学编）第 13 卷，人民文学出版社 1992 年版，第 347 页。

国古代社会研究，他试图运用马克思主义史学方法论，对中国古代社会发展进行阐释。

1930 年 3 月，上海联合书店出版了郭沫若的第一部历史论文集《中国古代社会研究》。在这本著作中，郭沫若运用唯物史观研究中国历史，有理有据地说明了马克思主义并不是外来之物，更不是无稽之谈，而是遵循社会发展规律，是可以为中国所用的。

在异乡漂泊的日子里，郭沫若时时心系祖国，挂念着千里之外的亲人和战友。1931 年 9 月 18 日，盘踞在中国东北的日本关东军精心策划，炸毁沈阳柳条湖附近日本修筑的南满铁路，嫁祸给中国军队，并以此为借口，向中国东北军北大营和沈阳城发动进攻，这就是震惊中外的九一八事变。郭沫若闻讯悲愤不已，他在寄给友人的信中倾诉了回国的渴望："弟遁迹海外，且在乡间，万事均感孤陋，惜无壤流可报耳……近颇欲于年内或开春返国，届时或能来旧都奉访。"[1] 但在日本警方密不透风的看管下，回归祖国母亲的怀抱何尝容易？

时间转眼来到 1937 年，由于国内的朋友们始终在为郭沫若回国之事奔走忙碌，终于传来好消息。五月下旬，郭沫若收到来自郁达夫的信，信中说："今晨因接南京来电，嘱我致书，谓委员长有所惜重，乞速归。""此信到日，想南京必直接对兄有所表示，万望即日整装，先行回国一走，临行之前，并乞电示，我当去沪候你。"[2] 郭沫若读罢，虽然不明蒋介石突然召回的原因，却还是欣喜若狂，开始筹办起回国的相关事宜。同年 7 月 7 日夜，日本侵略军悍然发动卢沟桥事变（又称"七七事变"），当地中国驻军奋起还击，全民族抗日战争由此爆发。郭沫若当即决定排除万难，立刻

---

① 曾宪通编：《郭沫若书简》，广东人民出版社 1981 年版，第 116 页。
② 龚济民、方仁念：《郭沫若传》，北京十月文艺出版社 1988 年版，第 187 页。

回国。他还写下遗嘱，表明不惧日本当局迫害、涉险回国的决心：

> 临到国家需要子民效力的时候，不幸我已被帝国主义者所拘留起
> 来了，不过我绝不怕死辱及国家，帝国主义的侵略，我们唯有以铁血
> 来对付他……精神的胜利可说是绝对有把握的，努力吧！祖国的同
> 胞们！[1]

1937 年 7 月 25 日凌晨，郭沫若悄悄从床上爬起来，他给孩子们写下
留言，又在妻子额上深情一吻，尽管心中无限留恋，还是决然离去。为了
逃避日本警方的盘查，郭沫若乔装打扮，化名"杨伯勉"，在神户港踏上
了加拿大公司的"皇后号"邮轮，离开了客居十年的日本。

当郭沫若到达上海、踏上国土的时候，国民党政府已经撤销了对郭沫
若的通缉令，国民党的领导班子不断宴请郭沫若，一改十年前的嘴脸，转
而对郭沫若摆出一副谄媚的面孔。此时的郭沫若顾不上揣测蒋介石的心
意，而是迅速投入到抗日工作中去。他以救亡协会的名义创办了《救亡日
报》，亲自到前线慰问战士，发表军民抗日演讲（图七）。郭沫若不知疲倦
地四处奔走，在《救亡日报》的复刊词中，他大声疾呼："鼓荡起我们的
民族忠贞之气，发动大规模的民众力量，以保卫华南门户，保卫祖国，保
卫文化。"[2]

郭沫若在宣传抗日、发动群众方面的突出表现，再次引起了蒋介石的
注意。1937 年 9 月，郭沫若收到一封来自武汉警备司令陈诚的电报，是陈
诚转交的蒋介石的来电，不难猜测，这实则是蒋介石的会面邀约。此时的
郭沫若还没忘记十年前自己因怒骂蒋介石而遭到通缉，从个人角度出发，

---

[1]　龚济民、方仁念：《郭沫若传》，北京十月文艺出版社 1988 年版，第 191 页。

[2]　郭沫若：《再建我们的文化堡垒》，《郭沫若全集》（文学编）第 18 卷，人民文学出版社 1992
　　年版，第 238 页。

图七　正在做抗日演讲的郭沫若

他是不愿意去的，但出于对革命大局的考虑，加上好友周恩来的劝说，他还是赴约了。

抵达南京后的第二天，郭沫若就见到了蒋介石。没过几天，蒋介石与郭沫若见面的消息就见诸报纸。郭沫若也写了一篇《蒋委员长会见记》，一方面作为对于蒋介石允许消息见报的回应；另一方面将蒋介石的抗日言行公之于众，就不必担心国民党的一些人士明里暗里妨碍他的正常工作了。

1937 年 11 月 12 日上海沦陷，郭沫若辗转香港、广州，正在考虑下一个目的地时，陈诚从武汉发来一封电报，电报的内容言简意赅："有要事奉商，望即命驾，陈诚。"① 虽然疑惑于陈诚的用意，但是郭沫若思来想去，武汉未尝不是一个好去处：周恩来、董必武、叶剑英等都在武汉，武汉的八路军办事处也在筹划之中，奔赴革命的大部队恰恰是郭沫若渴求的。

---

① 　郭沫若：《洪波曲》，《郭沫若全集》（文学编）第 14 卷，人民文学出版社 1992 年版，第 18 页。

　　《新华日报》是当时唯一允许在国统区公开发表的共产党出版的报纸，郭沫若到达武汉之时，正逢《新华日报》创刊。对于郭沫若的突然到来，日报的记者都感到十分惊喜，每隔几天便登门拜访，询问战争形势或者郭沫若下一步的工作计划，还邀请郭沫若为报纸题词。在郭沫若看来，此时的武汉聚集了党政军三方的重要人物，很有几分武汉在北伐时期的辉煌，因此他提笔为《新华日报》题词"恢复十六年的精神保卫大武汉"①。

　　由于郭沫若曾是北伐军总政治部副主任，所以被邀请出任国民政府军事委员会政治部第三厅厅长，原来这便是陈诚口中的"要事"。国民党针对当时的政治形势，撤销了第六处，恢复了北伐时期的政治部，政治部下面分属四厅，其中第三厅分管抗日宣传工作。陈诚之所以争取郭沫若来做这个厅长，一是郭沫若的组织能力和宣传能力有目共睹，二是希望利用郭沫若的人际关系笼络一批著名的知识分子。郭沫若对于这份邀约是非常抗拒的，他已经以无党派人士的身份活动了十几年，如今让他去国民党阵营效命，郭沫若怎能应允。面对这僵持不下的局面，旧友周恩来的一张便条，触动了郭沫若的心：

　　　　沫若同志

　　　　你不是滑头，你太感情了一点。

　　　　廿七，一，卅一

　　　　周恩来②

　　其实郭沫若拒绝任职，一个重要的原因是害怕被国民党机关和小头目处处限制，无法真正为中国的抗日大业服务，但友人们极力劝说，陈诚也

---

① 龚济民、方仁念：《郭沫若传》，北京十月文艺出版社 1988 年版，第 219 页。
② 秦川：《文化巨人郭沫若》，中国青年出版社 1992 年版，第 35 页

调走了与郭沫若做对的小头目，郭沫若经过深思熟虑，还是决定接下第三厅这个担子，用他的话来说，国事如此，我不入地狱，又有谁入地狱呢？

就这样，郭沫若再次与公开中共党员身份的机会失之交臂。中华人民共和国成立以后，郭沫若紧跟党的步伐，为新中国的外交事业而不断奔走，积极倡导科学和文艺事业的发展，深受青年学生的爱戴。但这也引起了他的担忧，在写给陈明远的信中，郭沫若说道："我是作为一个无党无派的人参加革命工作的。特别是近几年，这成为我很大的憾事。似乎自己表态误了一部分青少年，他们误以为不入团，不入党一样可以干革命。""马克思列宁主义几十年来就是我唯一的信仰，献身于共产主义事业是我一生最大的愿望。我们老年人的脑袋，真像是一个世界旅行者的行李，贴满了各国各口岸的商标，早已到了该洗刷干净的时候了！我生在十九世纪末，受过'富国强兵'的所谓启蒙教育，主张过'个性解放'，看了一些书，接触到马克思主义，投入了大革命，走了好多年路，才找到共产主义的真理……年轻的朋友们，我要永远保持着心上的春光。"① 据 1958 年 12 月 27 日的《人民日报》报道："三百余名优秀分子入党——郭沫若、李四光、李德全、钱学森等同志开始过党的生活。"1958 年，郭沫若终于摆脱了秘密党员的身份，正式加入中国共产党，这也是公众印象中郭沫若的第一次公开入党。

四　吾志所向　虽远必致

抗日战争期间，在武汉，专管抗日文化宣传的机构——国民政府军事委员会政治部第三厅成立，厅长由郭沫若担任，第三厅成了团结社会上各

---

① 周尊攘：《郭沫若和青年陈明远》，《新文学史料》1982 年第 4 期，第 137 页。

民主党派、人民团体、思想界贤达的抗日民族统一战线机构。第三厅广纳贤才，阳翰笙、郁达夫、田汉、冼星海均在列，在当时被称为"名流内阁"。郭沫若一上任，就拿出饱满的热情，准备举办宣传扩大周，宣传全民族抗战的重要意义。1938 年 4 月 7 日，宣传扩大周开幕。郭沫若正在主持开幕式，这时从前线传来喜讯，台儿庄大捷，击毙敌人万余，这个振奋人心的消息瞬间点燃了所有人的激情，一时间欢呼声、呐喊声响彻天际。郭沫若的演讲声更加坚定了："我们要有最大的诚意，与必死的决心……把我们的精神武装起来。"①

之后的几个月里，郭沫若鼓足干劲，带领第三厅的同志们一心扑在群众工作上，举办了纪念"七七"抗战周年、国际反轰炸大会等多种宣传活动（图八）。正当第三厅的工作如火如荼地进行时，武汉告急。敌机的轰炸越来越频繁，短短两个月，郭沫若搬了三次家。1938 年 9 月底，三厅的绝大多数人同志已经撤退到衡山或是长沙，郭沫若安排妻儿随大部队撤退，自己仍坚守武汉。到了 10 月底，刚退居到长沙一周，郭沫若就接到陈诚的通知，缩小第三厅组织，本来的三处九科只能保留四科。精简组织还没过去多久，岳州沦陷，政治部只得再次后撤。郭沫若为了保护同志们安全撤退，忙碌得连送别妻小的时间都没有。

蒋介石在长沙实施"焦土抗战"的同时，也没有放松对第三厅的控制，他一次次地压缩编制、克扣经费，甚至以各种借口阻止第三厅开展宣传活动。1940 年 1 月 11 日，郭沫若在《新华日报》的题词中，公开批评蒋介石的独断专制："防民之口，甚于防川。连话都不让老百姓说，那是很危险的事。反之，能代表老百姓说话的，那力量是比长江大河还要大。"②

---

① 龚济民、方仁念：《郭沫若传》，北京十月文艺出版社 1988 年版，第 227 页。
② 税海模：《郭沫若抗战时期的五彩人生》，《郭沫若学刊》2006 年第 1 期，第 22 页。

这种尖锐的言论让蒋介石感到如坐针毡，他逼迫第三厅成员全体加入国民党，这种无理要求在郭沫若的带头抵制下，一直都未能实现。

1940 年 4 月，蒋介石故技重施，在蓄谋第二次反共高潮的同时，突然下令免去郭沫若第三厅厅长的职务，调任政治部部委委员。第三厅厅长的位置由国民党何浩若担任。蒋介石还声称，"凡在军事委员会各单位中的工作人员一律应加入国民党"[1]，并且在

图八　抗日战争时期的郭沫若

每个三厅工作人员的办公桌上准备好入党申请书，声称"要革命要抗战，就必须留在三厅，而要留在三厅，就必须加入国民党"[2]。郭沫若带头提出辞职，并呵斥前来动员的国民党反动分子："入党不入党，抗日是一样抗的；在厅不在厅，革命是一样革的！"[3] 三厅的成员纷纷决定辞职。为了进一步推动事态发展，周恩来对政治部新任部长张治中说："第三厅这批人都是无党无派的文化人，都是在社会上很有名望的。他们是为抗战而来的，而你们现在搞到他们头上来了。好！你们不要，我们要！现在我们准备请他们到延安去。"[4] 慌了神的蒋介石赶忙安抚郭沫若等人，并声称会另组一个文化工作委员会，依旧由郭沫若、周恩来等人主持，隶属政治部。表面上看来，文化工作委员会是换了名号的第三厅，其实不然，蒋介石规

---

① 龚济民、方仁念：《郭沫若传》，北京十月文艺出版社 1988 年版，第 264 页。
② 龚济民、方仁念：《郭沫若传》，北京十月文艺出版社 1988 年版，第 264 页。
③ 龚济民、方仁念：《郭沫若传》，北京十月文艺出版社 1988 年版，第 264 页。
④ 龚济民、方仁念：《郭沫若传》，北京十月文艺出版社 1988 年版，第 264 页。

定，文化工作委员会不能参与政治工作，只能进行一些文化研究工作。为了继续借国民党之手宣传抗日，郭沫若在周恩来和中共南方局的支持下，还是答应了蒋介石的要求。

1941 年 1 月，国民党反动派制造了震惊中外的皖南事变。新四军军部及所属部队 9000 余人，遵照国民党军事当局命令向北转移，1 月 6 日行至皖南茂林地区，遭到国民党军 8 万余人的伏击，军长叶挺在同国民党军谈判时被扣押，副军长项英遇害。1 月 18 日，《新华日报》开辟专栏报道皖南事变，却被国民党强制拦下不让发表。望着开天窗的报纸，郭沫若的满腔悲痛化成笔墨，他将《新华日报》发表的周恩来所写"千古奇冤，江南一叶；同室操戈，相煎何急?!"一张一张地誊写，拜托文化工作委员会的同志出去张贴，让国民党的恶行公之于众。郭沫若还提笔作诗："江南一叶奇冤史，万众皆先天下忧。泪眼揩干还苦笑，暂忘家难赋同仇。"① 此诗与周恩来的诗相互呼应，向大众传达了中国共产党积蓄力量、顾全大局的斗争态度。

1945 年初，抗日战争已经看到胜利的曙光，人民要求民主的呼声日渐高涨。抵不住压力的国民党政府，在元旦期间的广播称，等到最后胜利更有把握的时候，便会立刻召开国民大会。这无疑是缓兵之计。同年 1 月，周恩来先后两次来到重庆，期望与国民党当局商议结束一党专政，建立联合政府，但都遭到了国民党的拒绝。为了进一步利用舆论给国民党施加压力，王若飞建议，动员知名文人发表一篇共同宣言。起初由邓英达起稿，一些朋友认为不能起到振奋人心的效果，又建议由郭沫若重新起稿。郭沫若与友人们展开激烈的讨论，文章矛头直指坚持专政的国民党政府：

---

① 丁正献：《从〈洪波曲〉谈起》，《新文学史料》1982 年第 4 期，第 125 页。

"道穷则变"，是目前普遍的呼声，中国的时局无须我们"危词耸听"，更不容许我们再三"巧言文饰"了。

内部未能团结，政治贪墨成风，经济日渐竭蹶，人民尚待动员，军事急期改进，文化教育受着重重的控制，每况愈下，以致无力阻止敌寇的进侵，更无力配合盟军的反攻，在目前全世界战略接近胜利的阶段，而我们竟快要成为新时代的落伍者。全国的人民都在焦虑，全世界的盟友都在期待，我们处在万众睽睽的局势中，无论如何是应当改弦易辙的时候了。办法是有的，而且非常简单，只须及早实行民主……①

宣言写成后，郭沫若邀请文化界的名人签名，在短短几天的时间里，签名的人数多达 321 人，其中不仅有文化界的贤士，还包括自然科学、社会科学界的知名人士。

1945 年 2 月 22 日，重庆《新华日报》等各个报刊同时刊登了这份极具分量的《文化界对时局进言》。此举彻底激怒了蒋介石，他下令彻查，得知这个进言出自文化工作委员会之手，是受郭沫若领导时，蒋介石露出了真面目。3 月 31 日，蒋介石在重庆各报刊登了如下言论：

郭沫若先生领导下的政治部文化工作委员会，已于昨日（三十日）奉政治部张部长命令，予以解散②。

《新华日报》在刊登这番言论的同时，还在后面加上了编者按："几年以来，该会在郭先生的领导下，对于抗战文化，贡献宏伟，驰誉友邦朝野，这次突被解散，闻者颇感惊异。"③

---

① 郭沫若：《文化时局进言》，《郭沫若全集》（文学编）第 19 卷，人民文学出版社 1992 年版，第 522 页。
② 龚济民、方仁念：《郭沫若传》，北京十月文艺出版社 1988 年版，第 325 页。
③ 龚济民、方仁念：《郭沫若传》，北京十月文艺出版社 1988 年版，第 325 页。

文化工作委员会解散后，1945 年，一直进行自由创作的郭沫若接待了一位特别的客人——新任苏联大使彼得洛夫。彼得洛夫此行正是想邀请郭沫若和丁西林赴苏联，参加苏联科学院第 220 周年纪念大会，郭沫若应邀前去。在苏联，郭沫若听到了日本无条件投降、中国抗日战争胜利的喜讯。同年 8 月 20 日，郭沫若结束苏联之行回国。

1945 年 8 月，蒋介石致电邀约毛泽东到重庆，商讨战后事宜，郭沫若听说此事，心里十分担忧，一直到 9 月 3 日，他才得到机会跟毛泽东畅谈。在交谈中，毛泽东真诚地说："你写的《反正前后》，就像写我的生活一样。当时我们所到的地方，所见到的那些情形，就是同你所写一样。"① 分别时，郭沫若注意到毛泽东佩戴着一只旧怀表，便把自己的手表赠予毛泽东，这只表一直伴随着毛泽东后来的人生岁月，直到他逝世。

1945 年 10 月 10 日，国共双方正式签署《政府与中共代表会谈纪要》，即"双十协定"，双方同意召开有各党派代表、社会贤达出席的讨论和平建国方案的政治协商会议。但是没过多久，蒋介石就发布进攻解放区的密令，制造"一二·一"昆明惨案，还屡次破坏郭沫若等人主持的演讲和集会。在重庆各界人民的促进下，1946 年 1 月 10 日，政治协商会议在重庆开幕，并于 1 月 31 日闭幕。

为了庆祝政治协商会议圆满闭幕，1946 年 2 月 10 日上午，郭沫若与李公朴等进步人士组成主席团，在重庆较场口召开庆功大会。这天郭沫若起了个大早，带着全家老小喜气洋洋地来到较场口，刚刚九点钟，场地里已经挤满了前来参加庆祝会的群众。郭沫若、李公朴和其他主席团成员正准备登台讲话，几个穿长褂的国民党特务突然冲上台，一把夺过扩音器，大叫："开会！开会！"郭沫若等人忙上前阻拦，却遭到这些人的殴打。郭

---

① 于立群：《难忘的往事》，《人民日报》1979 年 1 月 1 日刊。

沫若被推倒在地，撞破了额头，还被人在胸口狠狠地踩了一脚，愤怒的群众和及时赶到的宪兵救下了郭沫若。"较场口血案"反而让郭沫若更加坚定了革命的信念："挨打在我倒是很大的收获。在我身上多挨几拳，便在朋友身上少挨几拳。在我身上多流几珠血，便在朋友身上少流几珠血。在我算尽了保护朋友的责任，我已经得到了精神上的满足。"①

图九　郭沫若（1892～1978）

1946 年 6 月，国民党军队悍然进攻鄂豫边境的中原解放区，全面内战爆发。解放战争期间，郭沫若始终和中国共产党站在同一条战线，积极团结文化界人士，反抗蒋介石的专制独裁，在国统区建立起同国民党做斗争的第二条战线。在郭沫若的主持下，出版了《新社会》《新思潮》《新文艺》等宣传爱国、揭露国民党黑暗统治、团结广大人民群众的新报刊。

在夺取新民主主义革命全国性胜利前夕，1949 年 9 月 21 日，中国人民政治协商会议第一届全体会议在北平召开，郭沫若当选为中国人民政治协商会议全国委员会委员、中央人民政府委员会委员。10 月 1 日，郭沫若登上天安门城楼，参加了中华人民共和国开国大典。此时的郭沫若虽已年过半百，但是新的征程刚刚开始，他将伴随着新中国披荆斩棘，砥砺前行（图九）。

（作者分别为上海财经大学人文学院研究生、淄博市祥瑞园小学教师）

---

① 郭沫若：《南京印象》，《郭沫若全集》（文学编）第 14 卷，人民文学出版社 1992 年版，第 531 页。

沁入笔墨的家国情怀

——茅盾的文学道路

李 珂

　　茅盾原名沈德鸿，字雁冰，是中国现代作家、文学评论家、文化活动家以及社会活动家，新文化运动的先驱者、中国革命文艺的奠基人之一。1921年中国共产党成立之初，茅盾就从上海共产党早期组织成员转为正式党员。在之后的文学创作生涯中，他的心中既有着文人的现实想象，又充满了战士的家国情怀，正是这种家国情怀，奠定了茅盾在中国文学史上的重要地位。

一　学生时代的生活

　　1896年茅盾出生在浙江省桐乡县乌镇。从7岁开始，他就读于由其父亲担任教书先生的私塾，次年进入乌镇第一所初级小学——立志小学，成为这个小学的第一班学生。其父母尤其是母亲的教导，使得他在写作方面成绩优异。茅盾自己曾写道："每星期写一篇史论，把我练得有点老气横秋了，可是也使我的作文在学校中出了名，月考和期末考试，我都能带点奖品回家。"[1] 这种从小积累的创作经验，为其后期的文学创作奠定了

---

[1]　茅盾：《我走过的道路》（上），人民文学出版社1981年版，第65页。

基础。

　　茅盾受其父母影响，从小就胸怀天下。在其 12 岁时的作文中，他写出了自己的远大抱负，即"大丈夫当以天下为己任"。13 岁时，茅盾坐上前往湖州的列车，开始了自己的初中生活。

　　初中阶段的茅盾，已经显露出自己在创作方面的才华。在一节自命题作文课上，茅盾以庄子的《逍遥游》为基础，写出了《志在鸿鹄》这篇文章，得到了先生"将来能为文者"的夸赞。他在湖州中学读完三年级之后，由于同学不堪入耳的辱骂以及凯叔（注：四叔祖吉甫的儿子凯崧）对他所讲的嘉兴中学的各种好处，茅盾决定转入嘉兴中学。当时学校里正掀起一股反对学监的风潮，茅盾也因此而被嘉兴中学除名。最后他转入杭州的安定中学，完成了中学课程，顺利毕业。1913 年，由于母亲的坚持以及父亲的遗愿，茅盾考取了北京大学预科，并于当年 9 月到北京大学报到，从此开始了他在北京三年的大学生活（图一）。

图一　1913 年去北京上学前，摄于乌镇

二 在商务印书馆工作

图二 青年茅盾

1916 年茅盾毕业后，进入上海的商务印书馆工作，成为函授学社的一名普通职员。商务印书馆的工作使茅盾接触到了大量的文学成果，为他后期的文学创作提供了重要的基础。茅盾本人在回忆商务印书馆的生活时，曾经说过，我如果不是到上海来，如果不是到商务印书馆来工作的话，可能就没有自己文学上这样的成就（图二）。

进入商务印书馆不久，茅盾就凭借其出色的才能受到张元济等人的赏识。在工作中，不论是日常琐事还是重大事情，茅盾都会保留自己的看法。《辞源》就是一个例证，刚进入商务印书馆工作的茅盾，没有担心自己的职务是否会失去，而是坦率地说出自己对于出版《辞源》的看法。此后，他开始和国文部的孙毓修合译书籍。正是对西方书籍的翻译和介绍，使他受到西方科学思想的洗礼，得以在五四新文化运动中脱颖而出，并发挥重要作用。

1920 年初，王莼农将茅盾调入商务印书馆主办的《小说月报》，成为一名负责"小说新潮"栏的编辑。同年 11 月，茅盾正式成为《小说月报》的主编（图三）。

王莼农负责《小说月报》时，社会上鸳鸯蝴蝶派十分盛行，《小说月报》发表的文章也大多是他们的作品。这些作品迎合时人的口味，因而思想较为落后。虽然王莼农设置了"小说新潮"一栏，但因形式过于陈旧，刊物的销量也不见增长，迫于压力，他辞去了《小说月报》的主编一职。茅盾成为主编后，先将之前约稿和购买的鸳鸯蝴蝶派的文章全部扔掉，然后对刊物的内容和形式进行全面革新。改革之后的《小说月报》，以其活泼的内容和新颖的形式为大家所接受，销量有了大幅度提升。茅盾在其回忆录中写道："改组后的《小说月报》在第一期印了五千册，马上销完，各地纷纷来电要求下期多发，于是第二期印了七千册，到第一卷末期，已印一万。"① 当时，一些小资产阶级知识分子在五四时期受到了新思潮的洗礼，他们希望通过文艺来表达自

图三　主持《小说月报》编务工作的茅盾

己的政治苦闷和人生理想，并渴望进行文学革命，文学研究会应运而生。茅盾也加入了文学研究会，《小说月报》开始刊登文学研究会成员的文章。

文学研究会的成员中，有不少是中国共产党党员，例如"泽民于 1923 年入党，闻天于 1925 年在四川入党，圣陶也在 1925 年左右入党"②，他们影响了文学研究会的同人，因此，文学研究会"为人生"的主张，在一定程度上是在中国共产党的影响下提出来的。

当茅盾想要辞去《小说月报》的职务时，文学研究会的发起人之一郑振铎曾经劝过他，身为总书记的陈独秀更是亲自找他谈话。茅盾在他的回忆录中这样说道："党中央认为我在商务印书馆编辑《小说月报》是个很好的掩护，就派我为直属中央的秘密联络员，暂时我就编入中央工作人员的一个支部，外地给中央的信件都寄给我，外封面写我的名字，另有内封

---

① 矛盾：《我走过的道路》（上），人民文学出版社 1981 年版，第 188 页。
② 孔海珠：《近半个世纪的访谈——忆"左联"谈"茅盾"》，《鲁迅研究月刊》2009 年第 10 期。

图四　茅盾在商务印书馆工作

则写'钟英'（谐音中央），我则每日汇总送到中央。"①

　　1926 年，随着中国革命形势的发展，茅盾前往广州从事政治工作。从 1916 到 1926 年，在商务印书馆工作十年间，茅盾并没有从事文学创作，事实上，对文学理论的介绍和研究占据了茅盾大量的时间，现实主义、写实主义等理论，为茅盾后期从事文学创作提供了重要的理论支撑（图四）。

　　1927 年大革命失败后，文学研究会、创造社、太阳社以及鲁迅等人，对于"革命"和"文学"展开了激烈讨论，茅盾作为文学研究会的重要一员，也加入了这场论争。茅盾晚年在回忆这次论争时谈道："关于创造社、太阳社与鲁迅的这场论争，我没有加入……直到我在日本写《从牯岭到东京》时，才间接地参加了这场论争。"② 这场论争持续了较长的时间，直到"左联"成立，联合各派别，才结束了这场论战。这场革命文学论战给了茅盾许多文论理论方面的启发，茅盾谈到他的小说《蚀》的题目时说："一九二七年大革命的失败只是暂时的，而革命的胜利是必然的，譬如日月之蚀，过后即见光明。"③

三　加入中国共产党

　　1920 年 8 月，陈独秀、俞秀松、李汉俊等人在上海成立了中国共产党

---

① 茅盾：《我走过的道路》（上），人民文学出版社 1981 年版，第 202 页。
② 茅盾：《创作生涯的开始——回忆录（十）》，福建人民出版社 1983 年版，第 622 页。
③ 《蚀·补充版》，《茅盾全集》第 1 卷，人民文学出版社 1984 年版，第 428 页。

的早期组织。同年 10 月，茅盾拜访陈独秀，陈独秀向他征求成立中国共产党组织的意见，茅盾表示赞同。于是茅盾经由李汉俊介绍，加入了上海的共产党早期组织。上海的共产党早期组织创办了一份秘密刊物——《共产党》，专门宣传介绍共产党的理论和实践，以及第三国际、苏联和各国工人运动的消息。为这一刊物写稿的人大多是共产主义小组内部成员，茅盾也在《共产党》上发表了相关文章，他在对西方理论的翻译过程中，加深了自己对于共产主义、马克思主义的理解。

1921 年 7 月 23 日，中国共产党第一次全国代表大会在上海开幕。茅盾转为正式的中国共产党党员，从此他与中国共产党、中国革命有了不可分割的联系。

1927 年 4 月 12 日，蒋介石在上海发动四一二反革命政变。7 月 15 日，汪精卫在武汉"分共"，大革命从高潮走向失败。同年 8 月南昌起义后，茅盾"脱党"，这也成了他一生的遗憾①。此时茅盾的心情是迷茫的，后来他回忆道："1927 年大革命的失败，使我痛心，也使我悲观，它迫使我停下来思索。"② 对于茅盾在牯岭"养病"，不能与同来的几位"更向深山探访名胜"的往事，钱杏邨曾撰《从东京回到武汉》，以《留别云妹》为证，力言其对革命的过早幻灭③。

1937 年，随着抗日战争全面爆发，茅盾找到党组织。他接受周恩来的邀请，在汉口编辑《文艺阵地》；同时找到毛泽东，请求恢复自己的党籍。周恩来出于全盘考虑，决定暂不恢复茅盾的党籍，而让他以党外人士的身份，在重庆开展党的地下工作。茅盾接受了周恩来的建议，即使在中华人

---

① 张广海：《茅盾与革命文学派的"现实"观之争》，《中国现代文学研究丛刊》2012 年第 1 期。
② 茅盾：《我走过的道路》（上），人民文学出版社 1997 年版，第 382～383 页。
③ 赵璕：《"小资产阶级文学"的政治——作为"中国社会性质论战"序幕的〈从牯岭到东京〉》，《中国现代文学研究丛刊》2006 年第 2 期。

民共和国成立后他担任文化部部长期间，其家人提出了恢复他党籍的请求时，他也以博大的胸怀说道："在共产党打天下的时候我不是党员，不过我一直是以一个共产主义者的标准来要求自己，现在共产党得了天下，我不想再来分享共产党的荣誉。"①

直到 1981 年，茅盾又提出了恢复党籍的请求，这时他已经病危。当时儿子询问他，为什么要在这时候提出请求，茅盾回答："解放以后，虽然我始终都有恢复党组织关系的欲望，可是，我不想那样做。现在我快要离开人世了，在这种时候，我写了这封信，就是向党组织表示，我当年对党组织的追求和理想至今不变！"② 他在给党中央的信中写道："亲爱的同志们，我自知将病不起，在这最后时刻，我的心想着你们。为了共产主义的理想，我追求和奋斗了一生，我请求党中央在我死后，以党员的标准严格审查我一生的所作所为、功过是非，如蒙追认为光荣的中国共产党党员，这将是我一生的最大荣耀。"③

茅盾逝世后，中共中央做出了恢复茅盾党籍的决定："我国伟大的革命作家沈雁冰同志，青年时代就接受马克思主义，1921 年就在上海先后参加共产主义小组和中国共产党，是党的最早的一批党员之一。1928 年以后，他同党虽失去了组织上的关系，仍然一直在党的领导下从事革命的文化工作，为中国人民的解放和社会主义建设事业奋斗一生，在中国现代文学运动中做出了卓越贡献。他临终以前恳切地向党提出，要求在他逝世后追认他为光荣的中国共产党党员。中央根据沈雁冰同志的请求和他一生的表现，决定恢复他的中国共产党党籍，党龄从 1921 年算

---

① 陈小曼、韦韬：《父亲茅盾的晚年》，文化艺术出版社 2008 年版，第 335 页。
② 窦应泰、马永冰：《作家沈雁冰至死不渝的"入党"情结》，《党史博采》2004 年第 8 期。
③ 韦韬：《茅盾：我心永向共产党》，《北京支部生活》2013 年第 2 期。

起。"① 这既是对茅盾一生革命事业的认可，也是对茅盾终身遗憾的一种慰藉。

四 "茅盾"笔名的由来

1926 年 1 月，国民党第二次全国代表大会在广州召开。国民党二大闭幕之后，茅盾被中国共产党留在广州，担任国民党中央宣传部秘书，当时担任该部代理部长的是毛泽东。

任命之前，茅盾对于秘书的职务有所质疑，在毛泽东告诉他"部长之下就是秘书"之后，他认识到自己的责任，并配合萧楚女，积极完成党中央的各项工作。1926 年 3 月爆发"中山舰"事件，茅盾不得不离开广州。茅盾回到上海后，辞去了商务印书馆的编辑工作，担任上海中宣部交通局代理局长，处理交通局的日常工作。

1926 年，党中央派茅盾到中央政治学院武汉分校开展工作，就在他和夫人准备起程时，包惠僧从汉口给茅盾发来电报，让他留在上海，负责为武汉分校招生。茅盾利用他在商务印书馆的人脉，为武汉分校招收了 200 多名学生，工作完成之后，他与妻子动身离开上海。

抵达武汉之后，茅盾担任中央政治学院武汉分校的政治教官。由于没有一定的章程，所以茅盾利用瞿秋白在上海大学编写的讲义，为学生讲述什么是封建主义，什么是帝国主义等一系列问题。革命离不开宣传，茅盾受党中央委派，接手《汉口民国日报》的编辑工作。《汉口民国日报》表面上是国民党的机关报刊，实际的领导者是中国共产党，也可以说，《汉

---

① 陈小曼、韦韬：《父亲茅盾的晚年》，文化艺术出版社 2008 年版，第 344 页。

口民国日报》是中国共产党主办的第一家大型日报①。

茅盾早期主要从事政治和理论工作，他从 1927 年才开始进行文学创作。由于当时政治形势恶化，茅盾只能躲在家里，为了维持生活，他卖文为生，开始了自己的创作生涯（图五）。

图五　茅盾在写作

茅盾的第一部小说《幻灭》，是从 1927 年 9 月开始创作，经历了四个星期之后完成。由于茅盾经历了五卅运动和大革命，看到小资产阶级知识分子在革命潮流中沉浮，因此这部小说充满了现实主义元素。茅盾在其回忆录中写道："原来我把《幻灭》的前半部原稿交给了圣陶后，第二天他就来找我了，说，写得好，《小说月报》正缺这样的稿件。……他又说，这笔名矛盾一看就知道是假名，如果国民党方面有人来查问原作者，我们就为难了，不如矛上加个草头，茅姓甚多，不会引起注意。"② 我们所熟悉的"茅盾"这个笔名因此而来。

---

① 茅盾：《我走过的道路》（上），人民文学出版社 1981 年版，第 322 页。
② 茅盾：《我走过的道路》（中），人民文学出版社 1984 年版，第 6 页。

　　1932 年前后到 1937 年抗日战争全面爆发，是茅盾创作的鼎盛时期。1932 年，茅盾创作了短篇小说《林家铺子》（图六）和《春蚕》。1933 年，长篇小说《子夜》（图七）正式出版，这部小说奠定了茅盾在中国现代文学史上的重要地位。同年，茅盾发表了短篇小说《秋收》和《残冬》，与之前发表的《春蚕》并称为"农村三部曲"。

图六　茅盾 1932 年创作的短篇小说　　　图七　茅盾 1931～1932 年创作的
　　　　《林家铺子》　　　　　　　　　　　　长篇小说《子夜》

　　茅盾之所以能够在文学创作方面取得巨大成就，与他和家乡之间的密切联系有关。茅盾工作以后，为了处理家庭琐事加上思念亲人，曾经多次回到自己的家乡。例如他曾回到家乡，与母亲商量弟弟报考学校的事；与母亲一同去南京，送弟弟去南京河海工程专门学校报到；听从母亲的安排，回到乌镇与孔德沚完婚；携妻子回乡，为祖母奔丧；翻新家乡旧居，照顾母亲。其间茅盾看到了家乡发生的巨大变化，这给他提供了取之不竭、用之不尽的创作源泉。他的小说《林家铺子》和《春蚕》，就是以乌镇为背景写作的。茅盾对于家乡有着深深的眷恋，晚年的他回忆道："漫长的岁月和迢迢千里的远隔，从未遮断我的相思。"①

五　茅盾与左翼作家联盟

茅盾回到上海之后，居住在杨贤江的家中。1930 年 4 月 5 日，当他回到家中探望母亲和妻子时，发现冯雪峰在其家中，这是他和冯雪峰第一次见面，并且通过他知晓了左翼作家联盟（简称"左联"）的成立。后来，冯乃超作为左联的代表来邀请他加入，茅盾毅然决然地加入左联。

左联是由中国共产党领导、以鲁迅为旗手的左翼文艺运动的核心。作为中国共产党领导的文学组织，左联积极与国民党争取宣传阵地，不仅努力击破国民党对共产党发起的文化围剿，也在不断的反思中自我成长。

1931 年，冯雪峰找到茅盾，希望他能够担任左联的行政书记，经过他的一再劝说，茅盾答应了这个请求。不久之后，瞿秋白也加入了左联的领导工作。同年 11 月，左联通过了瞿秋白起草的《中国无产阶级革命文学的新任务》决议，成为左联后期工作的纲领性文件。针对此前对于创作的忽略，决议提出了一些符合当时历史条件的主张，从这时开始，左联进入了一个新阶段。"可以说，从'左联'成立到一九三一年十一月是'左联'的前期，也是它从左倾错误路线影响下逐渐摆脱出来的阶段；从一九三一年十一月起是'左联'的成熟期，它已基本摆脱了'左'的桎梏，开始了蓬勃发展、四面出击的阶段。"②

作为青年知识分子和共产党通力协作创办的一个组织，左联有着浓厚

---

① 茅盾：《可爱的家乡》，《浙江日报》1980 年 5 月 25 日。
② 茅盾：《我走过的道路》（中），人民文学出版社 1984 年版，第 87 页。

的文化色彩，又具有鲜明的政治倾向性。茅盾作为左联的行政书记，既要处理好内部工作，又要处理好左联与中国共产党的关系，茅盾心中的国家大义，使他得以在工作中妥善处理各种矛盾和冲突。1936 年初，为了建立文艺界的抗日民族统一战线，左联自动解散。虽然左联的历史只有短短 6 年，它对当时以及后来的影响却是巨大的，成为中国革命文学史上的一座丰碑。

1936 年，党中央提出建立抗日民族统一战线的主张，虽然得到了左联文人的响应，但是在左联内部出现了两个口号的论争，即鲁迅等人的"民族革命战争的大众文学"和周扬等人的"国防文学"的对立。与鲁迅坚决反对加入作家协会不同，茅盾在起草了《中国文艺家协会宣言》之后，以"文艺家协会"会员的身份，努力维护左联阵营内部的团结[1]。从这个角度来看，茅盾关注的不仅是左联这个"小家"的问题，更是中国这个"大家"的问题。

六　中国革命文艺的奠基人

茅盾的前期生活一直在创作和革命之间交替进行，后来随着革命的需要，他也投入到抗日战争。无论是在文学研究会期间还是在左联期间，茅盾都较少参加政治团体活动以及相关会议。但从 1944 年下半年开始，他开始频繁地参加政治团体活动，声讨国民党一党专政以及日本法西斯的黑暗统治。1945 年抗日战争胜利以后，茅盾的相关工作也更加忙碌。在此期间，他虽然经历了失去女儿的悲痛，但依然同意儿子回到解放区参加革命工作。

1946 年 5 月，茅盾夫妇回到了阔别 8 年多的上海。回到上海之后，看

---

① 崔瑛祜：《茅盾与"两个口号"论证》，《中国现代文学研究丛刊》2012 年第 1 期。

到国民党发动内战并且暗杀主张民主的爱国人士，茅盾将满腔的爱国激情和愤怒诉诸笔端，写了许多讽刺当时社会环境的杂文，例如《美丽的梦如何美化了丑恶的现实》《十五天后能和平吗?》《谈平等与自由》等，揭露蒋介石与美国勾结、发动内战的真相①。

茅盾有过在商务印书馆工作的经验，因此与出版社有着密切的联系，其中商务印书馆、生活书店以及开明书店是与茅盾联系最为密切的。开明书店"一直采取中间的立场，或者可以说是民间书业界的立场"，但是其"骨子里是倾向革命倾向共产党的，它从来不做有损于共产党的事"②。因此在 1946 年开明书店成立 20 周年之际，茅盾特地写了《抗战文艺运动概略》，表面上是为了开明书店而做，实际上也借此对抗日战争期间的文艺运动进行了梳理。茅盾认为，抗日战争虽然取得了胜利，但是民主尚未实现，中国的文艺运动还有很长的路要走，现在的作家们既然继承了五四先驱的坚韧不拔的精神，必然能像他们那样完成自己的使命。

抗日战争胜利后，茅盾夫妇受苏联对外文化协会之邀，到苏联进行参观。1946 年 12 月 5 日，茅盾一行人踏上了开往苏联的航船，经过 5 天的长途跋涉，终于抵达苏联，又经过了连续 15 天的火车旅途，终于在 12 月 25 日到达莫斯科。在苏联访问期间，茅盾不仅参观了博物馆等历史文化机构，还拜访了卡达耶夫、马尔夏克、西蒙诺夫等苏联作家，他们不仅聊到自身的文学作品，同时也谈及当地的民风民俗。1947 年 4 月，茅盾夫妇乘坐轮船回国。

中华人民共和国成立前后，茅盾全身心投入到新中国的文化建设中。1949 年 2 月，茅盾和李济深、沈钧儒、郭沫若等人应邀来到北平，着手第

---

① 茅盾：《我走过的道路》（下），人民文学出版社 1988 年版，第 412 页。
② 茅盾：《我走过的道路》（下），人民文学出版社 1988 年版，第 413 页。

一次全国文艺界代表大会的筹备工作。同年
5 月，茅盾两次主持《文艺报》召开的座谈
会。1949 年 6 月 30 日至 7 月 19 日，第一次
文代会在北平召开，茅盾在会上报告了大会
筹备经过。7 月 23 日，中华全国文学工作者
协会（中国"作协"前身）成立，茅盾当选
为主席。1949 年 10 月 1 日，中华人民共和
国成立，茅盾被任命为文化部部长（图八）。

图八　茅盾（1896～1981）

　　1981 年 3 月，茅盾在北京去世。茅盾文
学奖是根据茅盾生前遗愿，将自己的 25 万元
稿费捐献出来，于 1981 年设立的，它是我国具有最高荣誉的文学奖项之
一，也是中国第一个以个人名字命名的文学奖。茅盾既是伟大的文学家，
又是卓越的革命家，家国一体的观念在他身上淋漓尽致地体现出来，他为
我国的文化事业做出了巨大贡献。

（作者系山东师范大学文学院研究生）

人民艺术家

——老舍的家国情怀

何 婷

一 从大杂院中来 到小胡同中去

1. 庆春来

1899 年 2 月 3 日，腊月二十三，小年夜。北京四九城里的家家户户正在祭灶。男丁们撤去灶旁供奉了一年的灶王爷神像，在神像嘴上抹了糖蜜，再在炉灶内烧化，恭送灶王爷"上天言好事"，为一家平安祈福。孩童们馋嘴地望着桌上摆放的关东糖，期待着新衣新帽、饺子零嘴、好吃好玩的年节。在这热热闹闹的背景中，位于北京西城小羊圈胡同的一个大杂院里，却有一户冷冷清清的人家。

这家的主妇舒马氏已经顾不上操持家务，这个四十来岁的妇人正在艰难生产。这是她的第八胎，也是她的末一个孩子。她的丈夫舒永寿有份皇城护军的差使，当天轮岗值夜班回不了家，家里就没了顶事的人。生产完她就体力不支，昏了过去，半夜才悠悠醒转。幸而她的大女儿听闻消息赶回了家，可在这天寒地冻的时节也没有其他好办法，她只好将弟弟揣在怀里，靠自己的体温给这个初生的小婴儿取暖。

次日归来的父亲给这个瘦巴巴的孩子取名为"舒庆春"。"庆"是他这一辈的排行，"春"则是因为次日就是立春佳节，一年中的第一个节气。

"庆春"和他哥哥的名字"庆瑞"一样,都寄托着父母的期待与祝福,期待儿女"美似春花,一生吉利,万事亨通"①。父亲当时怎么也不会想到,这个瘦弱得猫崽一样、不爱啼哭的小婴儿,长大后会以"老舍"之名,成为一位家喻户晓的语言大师、蜚声海内外的大作家和"人民艺术家"称号获得者(图一)。

图一　老舍出生于小杨家(原名小羊圈)胡同八号北房

1900 年 8 月,八国联军攻占北京城,舒永寿在巷战中受伤,后来死在北长街的一家粮店,尸首都没找回来。才八个来月大、还不记事的小庆春,就此与父亲永别了。在这段"皇上跑了,丈夫死了,鬼子来了,满城是血光火焰"②的日子里,他的母亲强忍着泪,坚毅地站起来,咬牙挑起

---

① 老舍:《百花齐放的春天》,《老舍全集》第 14 卷,人民文学出版社 1999 年版,第 738 页。本文所引《老舍全集》均是人民文学出版社 1999 年版。
② 老舍:《我的母亲》,《老舍全集》第 14 卷,第 320 页。

了生活的重担。乱兵的多轮搜刮与残暴行径、丈夫的死、儿女的饿，这些苦痛与折磨引发了她对侵略者的仇恨。老舍凭借着母亲的讲述和自己的记忆，这样描写他幼年时的生活："城里到处火光烛天，枪炮齐响，有钱的人纷纷逃难，穷苦的人民水断粮绝。父亲是一家之主。他活着，我们全家有点老米吃；他死去，我们须自谋生计。母亲要强，没有因为悲伤而听天由命。她日夜操作，得些微薄的报酬，使儿女们免于死亡。在精神状态上，我是个抑郁寡欢的孩子，因为我刚一懂得点事便知道了愁吃愁喝。"①"从那以后，我们一家人怎么活了过来，连我们自己也难以说清楚，只说一件事吧：每逢伏天夜里下暴雨的时节，我们都要坐到天明，以免屋顶忽然塌了下来，同归于尽。"② 孤儿寡母的生活显然是困窘的，母亲没有奶水，只能用一点面糊加上糕干面来哺喂幼儿，大人也只能吃棒子面稀粥就咸菜，夏天盐拌小葱，冬天腌白菜帮子加点辣椒油。要是入不敷出，只能买些最便宜的酸豆汁儿，和上粮食或者菜叶熬成稀粥来度日。这些嚼用，都要靠母亲日日操劳，替人洗衣、缝补、做杂事来赚取。

在当时，贫民阶层没有接受教育的途径和费用，主要以拉车、叫卖、当巡警听差等体力劳动为家庭收入来源，这些活计收入不高，也不稳定，勉强维持一家人的基本生存已经十分艰难，更不要提获取知识改变命运了。男子青壮时期本是从事体力劳动的收入高峰，但有了家小后，慢慢又回到了父母艰难养家的老路上，一代一代总是穷苦着过，从早到晚地劳作，也不过换几个铜子儿。贫穷让人都硬起心肠来，幼儿与老人能不能活只看命。老舍在短篇小说《月牙儿》里说，"肚子饿是最大的真理"③，又在《骆驼祥子》里写穷人的命像"枣核儿两头尖：幼小的时候能不饿死，

---

① 老舍：《神拳》后记，《老舍全集》第 11 卷，第 643～644 页。
② 老舍：《宝地》，《老舍全集》第 15 卷，第 57 页。
③ 老舍：《月牙儿》，《老舍全集》第 7 卷，第 279 页。

万幸；到老了能不饿死，很难"①。"雨后，诗人们吟咏着荷珠与双虹；穷人家，大人病了，便全家挨了饿。一场雨，也许多添几个妓女或小贼，多有些人下到监狱去；大人病了，儿女们作贼作娼也比饿着强！"② 这些话无疑是他对大杂院里穷困人民命运的悲愤总结。

侵略者留下的伤痛、仇恨与生活的贫苦，就这样在老舍身上留下了第一道印记，也给他留下了洗不掉的回忆。老舍曾说："那是我的家，我生在那里，长在那里，那里的一草一砖都是我的生活标记。""我的一切都由此发生，我的性格是在这里铸成的。"③ 从北京城到小胡同、大杂院，老百姓的苦难生活，国家民族的积贫积弱，都成了他创作的题材、灵感的源泉。而他青少年时期经历的国家巨变——辛亥革命、五四运动、走马灯一样来了又去的军阀老爷和种种关于救国的思潮与论争，都打开了他的眼界，也树立了爱国、救国的思想。"不管一个青年怎样的发疯，要去摘天边的小月，他也不会完全忘记了国家大事。再加上那时节所能听到的见到的俄国大革命的消息与马克思学说，他就不单忘不了国家大事，而且也忘不了世界革命……拿我自己来说，自幼儿过惯了缺吃少穿的生活，一向是守着'命该如此'的看法，现在也听到阶级斗争这一名词，怎能不动心呢?"④ 18 岁时他慨然写下诗句："出山小草有远志，报国何必高权位！""来日神州正多难，男儿刺臂仍吞炭。"⑤ 这正是热血青年的爱国、救国宣言。

2. 寻路行

1913 年，老舍因家境贫寒，从公立第三中学辍学，进入免费的北京师

---

① 老舍：《骆驼祥子》，《老舍全集》第 3 卷，第 93 页。
② 老舍：《骆驼祥子》，《老舍全集》第 3 卷，第 167 页。
③ 老舍：《小人物自述》，《老舍全集》第 8 卷，第 290 页。
④ 老舍：《〈老舍选集〉自序》，《老舍全集》第 17 卷，第 200~201 页。
⑤ 老舍：《定战地于石景、金顶二山。我军驻石景作战两次，我先胜而后败。同学各有记，乃为诗以志胜概》，《老舍全集》第 13 卷，第 645、647 页。

范学校学习，1918 年他以全班第五的成绩毕业。老舍学习成绩优秀，擅长演讲辩论，写得一手好作文（古文体），还积极参与运动会、军乐队、话剧排演、野战演习等活动。在这里他受到了良好的教育，也接受了"教育救国"的思想。

老舍在毕业后即被委任为小学校长。1918 年 7 月，京师学务局发布第 21 号委任令："兹派舒庆春为京师公立第十七高等小学校兼国民学校校长，此令。"① 次年九月，因工作成绩优秀，老舍又被调派为郊外北区劝学员，负责区内公私立学校的设立撤并等工作。就任劝学员期间，他兢兢业业于本职工作，呈请解散不合格的旧私塾，为没有学校的回民聚居区建立公立国民学校。老舍还展现了总管事务的能力，担任了通俗教育研究会会员、京师公立北郊通俗教育讲演所和京师公立北郊阅书报处经理、京师私立小学教员夏期国语补习会经理等职，工作认真，从不借机攫取金钱。

然而，教育界逐渐令他失望甚至愤怒了。老舍曾打报告，要求惩处一个破坏国民学校运行的奸商，批复下来，却成了有人因私怨而到处告状，经调解后，上告撤回，也不再有后续处理。他还曾针对北京教育会的种种弊端，与其他人联名上书教育部，也同样没了下文。1922 年，老舍辞去了这份工资待遇不错、工作量也不算大的工作。辞职理由在他后来写的讽刺小说《猫城记》中能看出点影子：学校教育与社会需求割裂，教育制度与教育内容不匹配，教育的目的不是追求教化民众、科学真理，而是赚取财富与实用制造。"新学校成立了，学校里有人，而无人格，教员为挣钱，校长为挣钱，学生为预备挣钱，大家看学校是一种新式的饭铺；什么是教育，没有人过问。又赶上国家衰弱，社会黑暗，皇上没有人格，政客没有人格，人民没有人格，于是这学校外的没人格又把学校里的没人格加料的

---

① 《公牍》，1918 年 9 月 15 日，《京师教育报》第五卷第 9 号。

洗染了一番……为什么要教育？救国。怎样救国？知识与人格。这在一办教育的时候便应打定主意，这在一愿作校长教师的时候便应该牺牲了自己的那点小利益。"① 在他看来，纯粹靠"教育救国"已不可行。

五四运动爆发后，反封建、反帝国主义的主张对老舍影响很大。他的思想发生了转变，敢于怀疑孔圣人，对"老人老事"能够批判地看待而不是机械地接受。另外，五四运动之后他对"国耻"、对社会矛盾有了更进一步的认识。五四运动使他"看见了爱国主义的具体表现，明白了一些救亡图存的初步办法"，体会到"人不该作礼教的奴隶"，"中国人不该再作洋奴"②。对国民性的思考、对传统文化的批判性接受，也成为他日后创作的背景与主题（图二）。

1924 年至 1929 年，老舍经人推荐，前往英国伦敦大学东方学院就职中文教员。这份工作一方面收入稳定，对于之前零零散散在南开中学、北京一中等地临时任教的老舍来说，颇可减轻些经济负担；另一方面也可开阔眼界，探寻国力强弱与地位高低之原因。

在教学时，老舍发现，有很多军人是为了相当实用的目的来学习的：将来能和中国人会话，能读大报纸上的社论与新闻，能将中国的操典与公

图二　1923 年老舍送友人的照片

① 老舍：《猫城记》，《老舍全集》第 2 卷，第 238 页。
② 本段均引自老舍《"五四"给了我什么》，《老舍全集》第 14 卷，第 655～656 页。

文译成英文。学习一年后，他们会被派往中国继续学习，然后再回到英国考试，考试及格，就能每年多拿一百镑军饷。这些人都是大英帝国为实现其侵略野心而训练的预备役。老舍为此忧心忡忡。他清楚地意识到："中国的微弱是没法叫外国人能敬重我们的；国与国的关系是肩膀齐为兄弟，小老鼠是不用和老虎讲交情的。"① "没到过中国的英国人，看中国人是阴险诡诈，长着个讨人嫌的黄脸。到过中国的英国人，看中国人是脏，臭，糊涂的傻蛋。"② "外国人在电影里，戏剧里，小说里，骂中国人，已经成了一种历史的习惯，正像中国戏台上老给曹操打大白脸一样。中国戏台上不会有黑脸曹操，外国戏台上不会有好中国人。"③ 老舍亲身体会到了帝国主义的野心、弱小国家与民族所遭受到的歧视和丑化，也意识到，国家强大才是争取国际地位的前提。"当国家乱的时候，没人跟你表同情。你就是把嘴说破了，告诉英国人，法国人，日本人：'我们是古国，古国变新了是不容易的，你们应当跟我们表同情呀，不应当借火打劫呀！'这不是白饶吗！人家看你弱就欺侮你，看你起革命就讥笑你，国与国的关系本来是你死我活的事。除非你们自己把国变好了，变强了，没人看得起你，没人跟你讲交情。"④ 而要改变这种现状，必须从改造国民精神、重塑国民性格入手，因为"民族要是老了，人人生下来就是'出窝老'。出窝老是生下来便眼花耳聋痰喘咳嗽的"⑤。老舍试图从英国人和中国人的民族性对比中探索中国之所以落后的原因，同时呼吁青年一代积极学习，为国家、为社会做事，起来奋斗。"只有念书能救国；中国不但短大炮飞艇，也短各

---

① 老舍：《二马》，《老舍全集》第 1 卷，第 620 页。
② 老舍：《二马》，《老舍全集》第 1 卷，第 522 页。
③ 老舍：《二马》，《老舍全集》第 1 卷，第 620 页。
④ 老舍：《二马》，《老舍全集》第 1 卷，第 471 页。
⑤ 老舍：《二马》，《老舍全集》第 1 卷，第 423 页。

样的人材；除了你成了个人材，你不配说
什么救国不救国！"①

在教书兼职写作数年后，他也逐渐将
精力全部转移到写作之中（图三）。他从
现实经历中汲取创作灵感，观察中华文化
与民族，以他独有的流畅的文字、幽默酸
辛兼具的创作风格批判现实，鼓励民众起
来反抗压迫，为中国文学史留下了《二
马》《骆驼祥子》《离婚》《四世同堂》
《龙须沟》《茶馆》等经典作品。

3. 新北京

1949 年年底，老舍回到了他热爱的故
乡北京。1950 年春，他携家人住进了东城

图三　1931 年老舍送给
妻子的照片

区灯兹府丰盛胡同（现灯市口西街丰富胡同）的一处小四合院，从此结束
了十余年的颠沛流离，在此安居下来。

老舍买下的四合院位于丰盛胡同口，占地约 400 平方米，房屋十余间。
这处居所距离繁华的东安市场、北京市文联驻地（霞公府）、北京市人民
艺术剧院都不远，却处在一个闹中取静的小胡同里，和咫尺之隔的王府井
大街比起来，仿佛落后不少年似的。老舍很喜欢这处居所，搬进来后，旁
的都不计较，先在一周内购买了石竹、大丽花，栽在院内。1953 年，他和
夫人在院中种植了两棵柿子树，至今依然枝繁叶茂、年年挂果，夫人因此
给小院取名为"丹柿小院"。安下家后，老舍就开始兴致勃勃地走亲访友，
观察这已经换了天地的故乡。

---

① 老舍：《二马》，《老舍全集》第 1 卷，第 472 页。

　　新北京在他眼中大有不同。清末的衰颓、北洋军阀时期的混乱、日据时期的高压已经一扫而光，政府改善了道路、排水、市政清洁，让人民用得起水和电。这千真万确是一切为了人民，哪里最脏最乱就先修哪里，绝不只顾着大路通衢，做面子工程。新工厂、新建筑、新道路、新公园、新学校、新市场，欣欣向荣，北京人的精气神也不一样了。老舍感慨道："新风气是由党与毛主席的深入人心的教育树立起来的，北京的确是宝地了！在这块宝地上，我记忆中的那些污秽的东西与坏风气永不会再回来。是啊，我不是凭着回忆而热爱北京，我热爱今天的与明天的北京啊！"[1]"只有人民当了家，到处才都会变成宝地。"[2]

　　这个从大杂院走出来、如今住到小胡同中去的大作家，满怀热诚，积极向党组织靠拢，用心学习党的文艺理论，并用于自己的创作之中。中华人民共和国成立以后，北京人与北京城的进步与发展令他狂喜，想要满怀激情地去歌颂，写出对党的感谢之情。他热切表示："我只能热情地去认识新社会，认识多少，就歌颂多少；我不应该因我的声音微弱而放弃歌颂。"[3]"解放前我写过的东西，只能当作语文练习；今后我所写的东西，我希望，能成为学习了毛主席《在延安文艺座谈会上的讲话》以后的习作。只有这样，我才不会教'老作家'的包袱阻挡住我的进步，才能虚心地接受批评，才能得到文艺的新生命。"[4]

　　除了勤奋写作之外，老舍还利用自己既有知识积累、又懂曲艺演出的优势，帮助相声艺人改编旧相声，替侯宝林、孙玉奎等组成的北京市曲艺公会相声小组改编了新相声《菜单子》《文章会》《地理图》等，为旧艺

① 老舍：《宝地》，《老舍全集》第 15 卷，第 59 页。
② 老舍：《宝地》，《老舍全集》第 15 卷，第 58 页。
③ 老舍：《毛主席给了我新的文艺生命》，《老舍全集》第 14 卷，第 497 页。
④ 老舍：《毛主席给了我新的文艺生命》，《老舍全集》第 14 卷，第 498 页。

人改造与重新谋业尽了一份力。老舍还是北京戏曲改革小组的成员，对于传统戏剧曲目的保留、剧本的改编等都提出过指导性意见，并把昆曲《十五贯》、河北梆子《王宝钏》改编为京剧，为马连良和北京京剧团创作了新编京剧剧目《青霞丹雪》等。授人以鱼不如授人以渔，老舍还发表了《怎样改相声》《写鼓词的经验》《谈相声的改造》《习作新曲艺的一些小经验》《大众文艺怎样写》等理论文章，总结自己多年来的创作经验，对如何更好地利用民间曲艺形式去宣传这一问题进行探讨。他指出，形式上要用字通俗、句子顺溜、音节响亮、叙事生动，取材上要贴近群众、明白易懂，并强调了融入群众的重要性。而这些理论，也和他之前那一段只身南下、化笔为枪的经历有关。

二　以笔为刀枪，度八方风雨

1. 赴汤蹈火为抗战①

1937 年，卢沟桥事变爆发，国土沦丧，民族危难。当时身在山东的老舍经过艰难的思想斗争，决心只身南下，前往武汉参加抗战。到达武汉后，他与邵力子、郭沫若、茅盾、胡风、冯乃超、郁达夫等当选为"中华全国文艺界抗敌协会"（简称"文协"）的常务理事，同时兼任总务组组长，对外代表"文协"。他在这个岗位上整整工作了七年，到处奔忙，为会员谋福利，呼吁提高稿酬，筹集捐款，营救被捕会员，开办通俗文艺讲习会，同时也时刻不放松自己的创作（图四）。

老舍认为，抗日战争是前所未有的战争，是民族灭亡或解放的关口，

---

① 冯玉祥将军为老舍写了一首打油诗："老舍先生到武汉，提只提箱赴国难；妻子儿女全不顾，赴汤蹈火为抗战！老舍先生不顾家，提个小箱子撵中华；满腔热血有如此，全民团结笔生花！"引自画册《老舍》，舒济、舒乙、金宏编著，北京燕山出版社 1997 年版，第 102 页。

图四　1938年老舍像

文艺工作者从事抗战宣传是和兵士一样，为革命做贡献。因为社会教育普及度不高，文艺工作者需负起教育的责任，使人民、士兵"知道、感动，而肯为国家与民族尽忠尽孝"①。"抗战文艺"的创作跟以前的文艺不同，不是为了歌功颂德或者自伤自怨，而是为了鼓舞全体同胞的信心，正因为此，抗战文艺需要重视普及程度。"除了抗战国策，抗战文艺不受别人的指挥，除了百姓士兵，它概不伺候。因此，它得把军歌送到军队中，把唱本递给老百姓，把戏剧放在城中与乡下的戏台上。它绝不是抒情自娱，以博同道们欣赏诵读，而是要立竿见影，有利于抗战。"②"不分党派，不管对文艺的主张如何，而只管团结与抗战"③的文协，能够"促进文艺界的团结"④，养成新的文艺风气，净化与提高作家的创作。"抗战少不得文艺"⑤，文人要到前方去，到士兵和百姓中去，这样才能了解文艺宣传的接受者，搜集文艺创作的材料，更深刻地了解到文艺在抗战中的宣传鼓舞作用。至于文艺创作的艺术性与宣传效果、深刻度与接受面之间的矛盾，在老舍看来，只要有益于抗战宣传，就是有用的，"人无弃才，文皆抗战"，"宣传之品，今尽其用"⑥。他是这样去组织"文协"工作的，也是

① 老舍：《三年来的文艺运动》，《老舍全集》第16卷，第683页。
② 老舍：《三年来的文艺运动》，《老舍全集》第16卷，第683页。
③ 老舍：《八方风雨》，《老舍全集》第14卷，第383页。
④ 老舍：《三年来的文艺运动》，《老舍全集》第16卷，第684页。
⑤ 老舍：《三年来的文艺运动》，《老舍全集》第16卷，第686页。
⑥ 老舍：《三年来的文艺运动》，《老舍全集》第16卷，第689页。

这样要求自己的。老舍怀着一颗赤子之心，致力于抗战宣传的写作，把作品化作了战歌、号角和伤药。

尽管如此，老舍决定南下也是经过艰苦的思想斗争的。他写道："我怕城市会忽然的被敌人包围住，而我作了俘虏。死亡事小，假若我被他捉去而被逼着作汉奸，怎么办呢？这点恐惧，日夜在我心中盘旋。是的，我在济南，没有财产，没有银钱；敌人进来，我也许受不了多大的损失。但是，一个读书人最珍贵的东西是他的一点气节。我不能等待敌人进来，把我的那点珍宝劫夺了去。我必须赶紧出走。"① 然而谈何容易，小女儿才刚出生不满三个月，最大的孩子也不过四岁，把家人留在济南，他于心不忍；全家走吧，北京和上海已经不便前往，货车时常遭受敌机轰炸，既麻烦又危险。而当时他任教的齐鲁大学的学生已经撤离，教师也走了一多半，人烟稀疏，除了拉警报，到处静得可怕，小商小贩已经不见踪影，只有被抛弃的猫狗饿着肚子来讨食。在《八方风雨》中老舍写道："这是最凄凉的日子。"②

思前想后，在黄河铁桥被炸毁、大家都以为敌人已经到了城外的那天黄昏，老舍还是提起皮箱走出家门。临走前，他特意抚摸了两下孩子们的头，准备到车站看看有车没有。当时他仍然陷在矛盾之中："在我的心里，我切盼有车，宁愿在中途被炸死，也不甘心坐待敌人捉去我。同时我也愿车已不通，好折回来跟家人共患难。这两个不同的盼望在我心中交战，使我反倒忘了苦痛。我已主张不了什么，走与不走全凭火车替我决定。"③ 最终，他还是通过车窗挤上了最后一列到徐州的火车。

白天忙于抗战工作的老舍，临睡以前最为难过。他痛恨自己对战事的

① 老舍：《八方风雨》，《老舍全集》第 14 卷，第 374~375 页。
② 老舍：《八方风雨》，《老舍全集》第 14 卷，第 374 页。
③ 老舍：《八方风雨》，《老舍全集》第 14 卷，第 375 页。

无能为力，焦虑于自己的工作到底有多大用处，睡不着又要勉力去睡，以修养身体，供给明日的工作。家人也是他心头的牵念。他回忆起小儿女在他离家时"弱女痴儿不解哀，牵衣问父去何来"①，暗暗心痛，又感念妻子胡絜青对他的理解与支持。他说："我想念我的妻与儿女。我觉得太对不起他们。可是在无可奈何中，我感谢她。我必须拼命的做事，好对得起她……国难期间，男女的关系，是含泪相誓，各自珍重，为国效劳。男儿是兵，女子也是兵，都需把最崇高的情绪生活献给这血雨刀山的大时代。夫不属于妻，妻不属于夫，他与她都属于国家。……生与死都不算什么，只求生便生在，死便死在，各尽其力，民族必能于复兴的信念中。"②

为了抗日宣传的需要，老舍把他赖以成名的小说、散文都暂时放下，转而以更贴近百姓、军民更熟悉和喜爱的鼓词、小曲、河南坠子、快板书等民间曲艺体裁写作。为了使作品便于传唱，老舍还专门跟富少舫等大鼓艺人们学唱大鼓书。他说："我不管什么是大手笔，什么是小手笔；只要是有实际的功用与效果的，我就肯去学习，去试作。"③ 这一时期，他也开始学着写话剧，第一部抗战话剧《残雾》于 1939 年首演，其后又创作了反映现实、讽刺官僚、鼓励抗战和民族团结的《谁先到了重庆》《张自忠》《国家至上》等话剧。据老舍自己统计，1937 年至 1945 年，他一共写作鼓词十余段、旧剧四五出、八本话剧、六七篇短篇小说、三部长篇小说、一部长诗与许多杂文。

1944 年 4 月 17 日，由阳翰笙、以群、梅林等人筹备，邵力子、张道藩、郭沫若、茅盾、胡风等"文协"同人为老舍召开了从事创作生活 20 年纪念会，一致称赞他对国家的忠诚、对朋友的亲切、对中国新文艺发展

---

① 老舍：《八方风雨》，《老舍全集》第 14 卷，第 375 页。
② 老舍：《致陶亢德》，《老舍全集》第 15 卷，第 560 页。
③ 老舍：《八方风雨》，《老舍全集》第 14 卷，第 381 页。

的贡献与多年来维持"文协"与文艺界团结的苦心与努力。郭沫若、茅盾、胡风、罗常培、台静农、臧克家等均为此撰写了纪念文章。茅盾说："如果没有老舍先生的任劳任怨，这一件大事——抗战的文艺界的大团结，恐怕不能那样顺利迅速地完成，而且恐怕也不能艰难困苦地支撑到今天了。这不是我个人的私言，也是文艺界同人的公论……他的对于民族、祖国的挚爱和热望，他的正义感，他的对于生活的严肃，正以有增无减的毅力和活力，为抗战文艺贡献了他的卓越的才华，而病魔亦无奈他何！"[①]"文协"北碚、成都分会也为此举办了纪念活动，《新华日报》《新蜀报》《扫荡报》《大公报》等还开辟了纪念专栏。正如大家所言，老舍为抗战文艺的发展、文艺界团结抗战做出了杰出的贡献，他的作品深入群众，贴近生活，体现了他那一颗真挚的爱国之心，极大地激发了民众的爱国热忱。

2.《剑北篇》：歌声与诗篇

1939 年，全国慰劳总会组织南北两路慰劳团前往战区慰问，老舍作为"文协"代表参与北路慰劳团。北路慰劳团的路线是赴长江以北各战区慰劳抗战将士，自 6 月 28 日至 12 月 9 日，五个多月的时间里，他们长途跋涉，经过五个战区，包括四川、陕西、河南、湖北、宁夏、伊克昭盟、甘肃、青海的 70 余座城市，行程近两万里。慰问团在形式上仍然具有统一战线性质，各方面都有代表参加，因此行程也包括陕甘宁边区。北路慰劳团两次到访延安，得到毛泽东等的接待。老舍作为文艺界代表，还在陕甘宁边区文化界和青年团体、报刊社等举行的座谈会上做了文艺形势的报告，并且应邀为《中国青年》杂志社题词"以全力打击敌人"。臧克家在《老舍永在》一文中回忆道："一九三九年，老舍参加了延安参观访问团，后来对我说：'崭新的天地，崭新的人，真是大开眼界，也大开心窍呀。在

---

① 茅盾：《光辉工作二十年的老舍先生》，重庆《新华日报》1944 年 4 月 17 日"新华副刊"。

一次招待宴会上，毛主席和我对杯，我说，我可不敢，主席身后有几百万呀，主席笑了。'"①

这一次长途行进中，虽然遇到过敌人的轰炸，遇到过桥断车翻、过溪险溺的危险，但是"绿柳清泉的榆林"，"有若江南的宁夏"②，精神焕发的军队，热火朝天的基建，民族团结的萌芽，给老舍留下的印象更为深刻。他有着如火的热情，要去讴歌这可爱的人民与可爱的土地，于是写成了长篇新诗《剑北篇》。《剑北篇》记述的就是老舍在这五个多月间的所见、所闻、所感，也可以当作一篇游记来看。写作时老舍有意在韵脚上参考旧诗，句句押韵，每段大都一韵到底，作为新旧诗融合的实验。可是既要押韵又要自然，颇费力气，于是从他 1940 年初动笔，时写时停，一年间只写了 27 段，共三千余行，到"华山"段为止，其后去的甘肃、青海、宁夏等地就再也没写成。

在开篇"小引"中，老舍这样总结他的这段旅程见闻：

> 在城镇，在塞外，在村庄，
>
> 中华儿女都高唱着奋起救亡；
>
> 用头颅与热血保证希望，
>
> 今日的长城建在人心上！③

而在《宜川—清涧》一段中，老舍一行人来到了刚刚经历过敌机轰炸、"城里城外一片断瓦颓垣"④ 的延安。但是在山下，在山间，人民不屈不挠，以山沟作为集市，窑洞作为居所，又在山前山后新开菜园、梯田。

---

① 臧克家：《老舍永在》，《老舍和朋友们》，生活·读书·新知三联书店 1991 年版，第 204 页。
② 老舍：《归自西北》，《老舍全集》第 14 卷，第 223 页。
③ 老舍：《剑北篇》，《老舍全集》第 13 卷，第 332 页。
④ 老舍：《剑北篇》，《老舍全集》第 13 卷，第 448 页。

老舍满怀激情地写道：

听，抗战的歌声依然未断，

在新开的窑洞，在山田溪水之间，

壮烈的歌声，声声是抗战，

一直，一直延到大河两岸！

……

轰炸的威风啊，只引起歌声一片；

唱着，我们开山，

唱着，我们开田，

唱着，我们耕田，

唱着，我们抗战，抗战，抗战！①

第二次到延安的时候，老舍又记述道：

到延安，又在山沟窑洞里备受欢迎：

男女青年，谐音歌咏，

中西乐器，合奏联声，

自制的歌，自制的谱，由民族的心灵，

唱出坚决抗战的热情；

为了抗战宣传，话剧旧剧兼重，

利用民歌与秦腔，把战斗的知识教给大众②。

这高亢、热情又壮烈的抗日欢歌，这"民族复兴的音乐"③，正是鼓舞

---

① 老舍：《剑北篇》，《老舍全集》第13卷，第450页。

② 老舍：《剑北篇》，《老舍全集》第13卷，第458页。

③ 老舍：《致榆林的文艺工作朋友们》，《老舍全集》第15卷，第633页。

着老舍写下《剑北篇》这一热情洋溢的抗战长诗的引子。一路上，"无论是在乡村里，还是军队中，不论是在像西安兰州那样的大都市，还是在山村与塞上"，都能听见"军队壮丁与儿童"唱着抗战歌曲。老舍为此感慨道："敢打的才敢唱，亡国奴是永不出声的。"一路走来，军民前仆后继、百折不挠的英勇气魄，文艺者以笔为枪、以血为墨的辛勤创作，都折射出中华民族自强不息、坚忍不拔的精神品格，汇合成抗战爱国的一股洪流。被这洪流冲刷过的老舍，再次坚定了"文艺必须抗战，抗战需要文艺"的信念，更想为抗战文艺做出些通俗宣传以外的贡献了[①]。

3. 《四世同堂》：北平城与人

老舍只身南下后，他的妻子胡絜青隐姓埋名，带着三个幼小的孩子回到已经沦陷的北平城，靠在学校教书以及兼职家教的收入养活婆婆和孩子们。做亡国奴的日子不好受，资源匮乏，吃穿都难以保障。学校实施奴化教育，中国平民也都低人一等。1942 年至 1943 年年景不好，日军对北平资源的搜刮变本加厉，城里闹饥荒，普通百姓只能吃麸糠不如的"混合面"，路有饿殍。胡絜青决定逃出北平。1943 年 9 月到 11 月，她用了 50 多天，带着 3 个幼小的孩子、10 件大行李和一名保姆，冒死逃出日寇占领的北平，辗转 5 个省，终于来到大后方重庆和老舍团聚。路途中充满凶险与艰辛。他们先乘火车到河南东部的商丘，然后徒步横穿整个河南省和黄泛区。黄泛区到处是水，到处是坑，只能步行或坐船，500 公里走了 25 天。夜里找不到宿处，只能睡在道旁的黄土车辙里，醒来差点丢了孩子。火车经过潼关隧道时，趴在车顶上的难民被活生生刮下来，痛呼惨嚎。坐汽车经过盘旋于半山的蜀道，雨天路滑，车子一轮悬空，差点翻下万丈深渊。到达重庆以后，老舍正在医院做手术，托朋友将她们安置下来，后来这一

---

① 以上四处均引自《文艺成绩》，《老舍全集》第 14 卷，第 230~231 页。

家人和"文协"的其他几个干事一同借住在"文协"代管的一处小房中。

这栋一楼一底的小房位于现重庆北碚闹市区天生新村63号，原为林语堂所有，后将房屋捐给"文协"使用。那时北碚交通不便，物资匮乏，物价飞涨，人人面黄肌瘦，老鼠倒是又多又猖獗。别的地方老鼠都怕猫，在这里新生小猫倒常被老鼠咬死。老舍于是戏称此屋为"多鼠斋"。在这间屋子里，胡絜青向前来拜访的朋友们、向老舍讲述她和孩子在沦陷的北平城里的六年生活，讲述老北平人遇到的种种屈辱与压榨；也是在这间屋子里，老舍整理、总结从胡絜青及其他南逃亲友口中听到的种种故事，默默构思，在贫病交加（既贫血又疟疾）又兼为战争焦灼的头晕头痛中，开始写作他规模最大的一部作品——《四世同堂》。

《四世同堂》以老舍的出生地——西城小羊圈胡同为舞台，以住在小羊圈胡同的祁家、钱家、冠家和大杂院里的男男女女为演员，从1937年七七事变起笔，到1945年日本投降、抗战胜利结束。这些做教师的、管店铺的、拉洋车的、糊棚子的、扛大包的、唱戏的、不事生产的诗人、辛勤操持的主妇们，每个人都有着自己的个性与优缺点，又都兼有着老北平人这个群体的某些特质，在这场战争面前，他们展现了北平城形形色色的众生相。而他们由痛苦屈辱、惶惑偷生、忍受饥荒到认识到必须奋起反抗的过程，也在老舍的想象中栩栩如生地展开了（图五、图六）。

图五　百花文艺出版社1979年版
《四世同堂》

老舍把准了北平人的脉，在《四世同堂》里，他勾画了抗日战争时期沦于日寇铁蹄之下的北平城。在故事开头，一心只

图六　1946 年老舍像

想着"过八十大寿"和"四世同堂"的祁老太爷，对战争并没有太多警惕，他认为只要家有屯粮、守好大门，北平城在谁手里都一样。可慢慢地，连目不识丁的祁家媳妇，在端午节买不到粽子，买不到给孩子的玩意儿的时候，也感受到一阵痛苦。到了小孙女活活饿死的时候，祁老太爷也爆发出了对战争、对侵略者的痛恨。这些朴实的民众并没有什么先进的认识，到了故事的结尾也没能组织起来进行集体反抗，但他们本能地遵循着传统的生活秩序与民族文化，并在生活秩序被搅乱、自小熟悉的文化传统被破坏，被歧视、被剥削、被坑杀的处境逼到眼前的时候，他们痛苦地觉醒了：要爱国！不要做亡国奴！这是一个民族在亡族灭种的灾难面前，凭借代代相传的民族文化所表现出的民族凝聚力与向心力，也是这个民族赖以持续的精神力量。老舍对于北平沦陷前的风情民俗的着力描写，与后来的凋敝肃杀形成了鲜明对比，令读者感受到战争的残酷，起到了唤醒民族意识、进行爱国主义教育的目的。

三　"歌德派"的鼓与呼

1. 人民艺术家与《龙须沟》

1949 年底老舍回京，不久就被选为北京市人民政府委员，后来又被选为北京市第一、二、三届全国人民代表大会代表，并历任政务院文教委员会委员、中国人民政治协商会议全国委员会常务委员、全国文联副主席、中国作家协会副主席、中国民间文艺研究会副主席、北京市文联主席等职务。老舍把这些职务看作为人民服务的机会，竭尽热诚，并不为自己或子女谋福利。汪曾祺在《老舍先生》一文中讲过这样一段轶事："老舍先生是历届北京市人民代表。当人民代表就要替人民说话。以前人民代表大会的文件汇编是把代表提案都印出来的。有一年老舍先生的提案是：希望政府解决芝麻酱的供应问题。那一年北京芝麻酱缺货。老舍先生说：'北京人夏天离不开芝麻酱！'不久，北京的油盐店里有芝麻酱卖了，北京人又吃上了香喷喷的麻酱面。"①

而巴金这样评价老舍："老舍同志是伟大的爱国者。全国解放后，他从海外回来参加祖国社会主义建设事业，他是写作最勤奋的劳动模范，他是热烈歌颂新中国的最大的'歌德派'，一九五七年他写出他最好的作品《茶馆》。他是用艺术为政治服务最有成绩的作家。他参加各项社会活动和外事活动，可以说是把整个生命和全部精力都贡献给了祖国。"② 中华人民共和国成立后，老舍勤于创作，他从新社会的人与事中汲取创作源泉，努力探索更适合宣传的创作形式，兢兢业业地歌颂着他热爱的祖国与北京（图七）。

在一篇名为《写于一九五零年十月一日》的文章中，老舍把自己辛勤创作的原因总结为三点：能自由写作、能给穷人写作、有新的写作源泉。这位已年过五旬的老作家回忆起以前在官方审查和特务监视下写作的痛苦，而在新社会，在新首都他得到了一个文艺工作者应得的尊敬与重视，恢复了作家的尊严。在党的教育下，他学会了批评与自我批评，明白了文艺应为谁服务，因此决心"要把我所能了解的政治思想放进文字里去，希

① 汪曾祺：《老舍先生》，《老舍和朋友们》，生活·读书·新知三联书店 1991 年版，第 523 页。
② 巴金：《怀念老舍同志》，《老舍和朋友们》，生活·读书·新知三联书店 1991 年版，第 338 页。

图七　1952 年老舍在写作

望别人也明白起来；而且要把我的这点思想放到通俗的语言、形式中，扩大影响"①。除了公开发表文章歌颂党和国家以外，在写给他在美国的出版代理人大卫·劳埃德的信中，老舍也写道："对于新中国，有许许多多的事情可以说，总的可以归结为一句话：政府好。"② 所以他是由衷地喜悦，这喜悦"也就变成一团火，燃烧着我的心，催着我写作"③。

1951 年 12 月 21 日，北京市人民政府在北京市人民政府委员会和各界

---

① 老舍：《感谢共产党和毛主席》，《老舍全集》第 14 卷，第 463 页。
② 老舍：《致大卫·劳埃德》，《老舍全集》第 15 卷，第 725 页。
③ 老舍：《写于一九五零年十月一日》，《老舍全集》第 14 卷，第 424 页。

人民代表会议协商委员会的联席会议上，向老舍颁发了"人民艺术家"的荣誉奖状，表彰他在《龙须沟》中生动地表现了市政建设为全体人民、特别是劳动人民服务的方针和对劳动人民实际生活的深刻关心，以及对教育广大人民和政府干部的光辉贡献。"人民艺术家"从此成了老舍最广为人知的头衔之一（图八）。

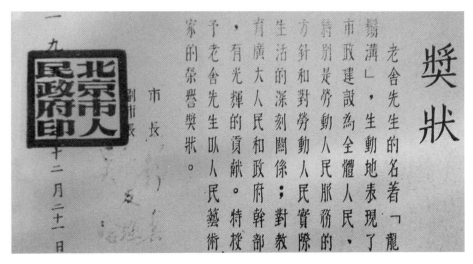

图八　1951 年老舍被授予"人民艺术家"称号

老舍曾说："我自己是寒苦出身，所以对苦人有很深的同情。我的职业虽使我老在知识分子的圈子里转，可是我的朋友并不都是教授与学者。打拳的，卖唱的，洋车夫，也是我的朋友。与苦人们来往，我并不只和他们坐坐茶馆，偷偷的把他们的动作与谈论用小本儿记下来。我没作过那样的事。反之，在我与他们来往的时候，我并没有'处心积虑'的要观察什么的念头，而只是要交朋友。他们帮我的忙，我也帮他们的忙；他们来给我祝寿，我也去给他们贺喜，当他们生娃娃或娶媳妇的时节。这样，我理会了他们的心态，而不是仅仅知道他们的生活状况。"而这种对于"苦人"的同情与平等交往，也使得他对笔下这些人物，即使批评也总含着点包容。直到今日，老舍依然是人民喜爱的作家，他获得"人民艺术家"这一称号，是实至名归。

龙须沟是北京城南边一条有名的臭水沟，沟旁居住的都是些收入微薄、苦苦挣扎的穷苦人家。旧社会政府苛捐杂税的压榨、恶霸敲骨吸髓的剥削、恶劣的生存环境，都令他们苦不堪言。中华人民共和国成立后，政府花大力气进行市政建设，不是只修通衢大道，对龙须沟这种贫民区的治理也没放下，半年后就填平了臭沟，修了大马路，在修沟过程中还组织人进行抢险救灾。工程完工后，人民群众的精神面貌焕然一新，喜迎"沟不臭，水又清，国泰民安享太平"①的好日子。老舍听说了这件事十分感动，于是应邀为北京人民艺术剧院创作一个剧本，但因为腿病，他只能在家等帮忙的同志搜集材料送来。这位同志满怀内疚，因为他在龙须沟并没有找到什么典型人物、典型事件，只有些零零碎碎的琐事，感觉这个命题作文不好写，没有能贯穿全剧的线索。而老舍本人熟悉这座城里的平民百姓，熟悉他们的生活，更了解他们的心态。他"心中看到一个小杂院，紧挨着臭沟沿儿。几位老幼男女住在这个杂院里，一些事情发生在这小院里……这个小院就是臭沟沿上的一块小碑，说明臭沟的罪恶"②。老舍把舞台限定在这座城市里的一个小角落，再把他熟悉的那些百姓一家家地安进这个角落里，通过他们反映出社会现实的一个截面。《四世同堂》他是这么写的，《龙须沟》也是这么写的。老舍"创造出了几个人物——每个人物有每个人物的性格、模样、思想、生活和他（或她）与龙须沟的关系"③。尽管这些住在破旧大杂院的男女老少并没有原型，是由作者从想象中抽取组合起来的，却是那么鲜活又随处可见。

---

① 老舍：《龙须沟》，《老舍全集》第 10 卷，第 442 页。
② 老舍：《〈龙须沟〉写作经过》，《老舍全集》第 17 卷，第 247 页。
③ 老舍：《〈龙须沟〉的人物》，《老舍全集》第 17 卷，第 248 页。

1950 年话剧《龙须沟》上演后，因为贴近群众生活而获得了观众的喜爱，取得了极大的成功。今天的龙须沟已经改名为金鱼池社区，社区中不但立有《龙须沟》中小妞子的塑像，还建了老舍纪念馆分馆，社区居民还组织了戏剧团，认认真真地演绎这部与他们息息相关的名剧。

2.《柳树井》：南北同唱共产党

1952 年 1 月 1 日，著名作家老舍先生创作的一个剧本——《柳树井》在双周刊《北京妇女》上发表了。很快，它又在当年的《说说唱唱》《剧本》等杂志上转载，宝文堂书店又在同年出版了曲剧单行本、评剧单行本、戏曲单行本，1953 年还出了歌剧单行本。这部简短的、老舍先生自称"匆忙中写出的一个不很好的通俗小歌剧"，曾在全国各地用各种民间的说唱形式上演，它到底是讲的什么故事，又为何如此受欢迎，有这么多不同的剧目版本呢？

先从《中华人民共和国婚姻法》说起。《中华人民共和国婚姻法》是新中国成立后颁布的第一部法律，于 1950 年 5 月 1 日起实施，它为实现男女平等奠定了法律基础。然而当时许多群众对《婚姻法》的重要性缺乏认识，甚至因为封建礼教思想根深蒂固而产生抵触心理。为了保障婚姻法顺利实施，党和政府在全国广泛开展宣传教育活动，鼓励采用人民群众喜闻乐见的方式进行宣传。为了配合《婚姻法》的宣传，老舍就写了《柳树井》。

这部小戏只有三场，篇幅不长，情节直白，上场人员也不到 10 个。主角是个名叫"招弟"的小媳妇，13 岁被卖给王家做童养媳，王家的儿子三年后夭亡，她被糊涂婆婆和大姑子视为丧门星，受尽折磨，险些跳了井。村长以"清官不给断家常"为由，不肯管王家的事，但妇女主任对他进行了普法宣传。在事实面前，村长支持召开公审大会，惩治了虐待招弟的婆婆和大姑子，自己也成了《婚姻法》的积极宣传者，支持养女和"看对眼"的对象恋爱结婚，共同进步。招弟则获得解放，决定和邻居小伙结婚，一起轰轰烈烈搞生产。

在《柳树井》的剧本上，老舍曾有这么一段注解："歌词都分上下句，押韵，近似鼓词。可是，有的地方又不像鼓词；若当作鼓词去唱，可略加改动。把字句稍加改动，也可以当做评剧去唱。句子稍为紧缩，即成快板剧。若欲谱成新歌剧，则可自由运用韵脚，不必叫上下句给拘束住。"① 这段注解说明了他在写这个戏时的一种考虑：为了广泛宣传，就要在主题突出的前提下做到适应性强，方便各种剧团自行改编和组织演出，在上层力量有限的情况下，由基层主动传播，多地开花。对《柳树井》这个小戏，老舍曾谦虚地评价说它"的确起了一些作用"，"深入了民间"②。

《柳树井》在北京的演出，不但宣传了婚姻法，还带来了一种极具特色的地方戏种——北京曲剧，填补了北京没有地方戏的空白。传统的曲艺形式以演员独唱为主，中华人民共和国成立后，北京市的曲艺演员推出了一种新的演出形式：演唱基调用单弦牌子曲，伴奏人员和乐器增加，安置在舞台一侧，不再参与演唱，演员也增加，并按剧中角色化装上场。老舍对这种新的演出形式很感兴趣，当曲艺演员想给它命名为"曲艺剧"时，老舍提出，直接叫"曲剧"，并且承诺给他们写个新剧本，作为北京曲剧的开山之作。很快他就拿出了一个小戏，正是上面提到的《柳树井》。1951 年 3 月，这个小戏公演的时候，海报上就标明了"曲剧"字样，这也标志着北京曲剧这一北京地方戏的正式问世。

一年后，南方一个戏团也排演了他们剧种版本的《柳树井》，这个剧种从安庆城走出后，风靡全国，由地方小戏逐渐成长为全国五大戏曲剧种

---

① 老舍：《柳树井》，《剧本》1952 年第 8 期，第 3 页。
② 老舍：《生活，学习，工作》，《老舍全集》第 14 卷，第 547 页。

图九　老舍（1899～1966）

之一。这次在《柳树井》中担纲女主角招弟的，是对这个剧种——黄梅戏的演唱艺术有突出贡献的优秀艺术家严凤英。1952 年 5 月至 6 月，严凤英所在的安庆市黄梅戏剧团，先后在安庆、上海演出黄梅戏版本的《柳树井》400 场，观者数十万。这是该团在中华人民共和国成立后首批改编的黄梅戏现代戏之一。

　　除了上面提到的《龙须沟》《柳树井》，老舍还写了很多紧跟时事、宣传政策的剧本，包括反映知识分子对共产党认识转变的《人同此心》、描写私营工厂改造的话剧《春华秋实》、歌颂在第一个五年计划里工人积极参加祖国建设的《青年突击队》、反映民主政治选举的《一家代表》、反映妇女参与生产建设的《女店员》、讲述新社会人民警察帮助一家团圆的《全家福》等。1953 年，老舍在随同中国人民第三届赴朝慰问团到朝鲜慰问时，还特地申请留下几个月体验生活，后来他写了一部描绘志愿军某部强攻与坚守"老秃山"战役的中篇小说《无名高地有了名》。这些作品都有一个共同的目标，那就是歌颂新社会，歌颂共产党。而这也正是老舍作为一个从大杂院里走出来的穷孩子，在欣欣向荣的故乡，发自内心、满怀真挚地为新社会、为共产党献上的一曲颂歌（图八）。

（作者系老舍纪念馆副研究馆员）

奔腾尺幅　吞吐大荒

——徐悲鸿丹墨里的家国情怀

刘　名

徐悲鸿（1895～1953）是在中国现代美术史上有着重要影响的画家和美术教育家。他卖画义筹支援抗战，后积极投身于新中国建设；他以复兴中国绘画为己任，为发展美术教育事业呕心沥血；他扶助、推崇有才之士，培养了一大批优秀画家，被誉为"画坛伯乐"。在其波澜壮阔的艺术人生中，他心系民族存亡，体现了一个知识分子的家国情怀与使命担当。

一　万里鸿霄一羽毛——寿康、悲鸿与黄扶

1895 年 7 月，正值夏花绚烂的季节，在江苏宜兴太湖之滨一个名不见经传的小村里，一个男婴在徐家老宅呱呱降生。老宅主人徐达章是一位精通诗文、书法、篆刻尤擅绘画的私塾先生，他给儿子取名徐寿康，寓平安健康之意。在列强入侵、风雨飘摇的晚清时期，这个名字蕴含了一个父亲对儿子未来的美好期许。

"荏苒青春三七年，平安两字谢苍天。无才济世怀渐甚，书画徒将砚作田。平生淡泊是天真，木石同居养性情。切愿康儿勤学问，读书务本励

图一　少年徐悲鸿

躬行。求人莫如求诸己，自画松阴课子图。落落襟怀难写处，光风霁月学糊涂。白云留住青山心，水秀风情卧此身。琴剑自娱还自砺，寸心千古永怀真。"① 这首题画诗，来自徐达章所绘的《松荫课子图》，描绘了他在树荫下教儿子习字作画的场面。徐达章发现了儿子身上的绘画慧根，并且成为儿子的第一个启蒙老师，他不仅教给儿子画技，还有中国传统文化道德。

从 6 岁开始，徐寿康在自家私塾跟随父亲习读四书五经，8 岁学习书法。徐寿康 9 岁开始学画，每日临摹吴友如石印界画人物一幅。10 岁他开始帮父亲渲染画面的色彩，11 岁能任意绘画自然景物或摹写家人邻居。13 岁时，家乡发生水灾，为了生计，徐寿康跟随父亲外出谋生。与父亲一起风餐露宿、漂泊他乡、走街串巷卖画的这段生涯，不仅是对他绘画功力的一种磨炼，下层社会的苦难与劳苦大众的艰辛也激发了这个乡村少年忧国忧民的情怀。少年老成的徐寿康揣着自己亲手篆刻的方章"江南贫侠""神州少年"，在艺术的道路上踌躇满志，然而现实生活让他感受到了生活的苍凉与无助（图一）。

1912 年，积劳成疾的父亲重病在床，17 岁的徐寿康挑起了养家糊口的重担。1914 年父亲病故，此后乡妻周氏病故，儿子吉生夭折。生活的重击让这个年轻人尝到了孤独悲寂的滋味。于是，19 岁的徐寿康将自己的名字改为徐悲鸿，"悲"是世事无常、饱经忧患的感触，"鸿"是搏击长空的大鸟，他将自己浪漫地比喻成一只要穿越茫茫长空的悲哀的孤雁。

1915 年，徐悲鸿辞去家乡三个学校图画教员的教职，第二次赴沪，寻

---

① 王震编：《徐悲鸿文集》，上海画报出版社 2005 年版，第 235 页。

求半工半读的发展机会。他跟同乡徐子明找复旦公学校长李登辉谋职被拒，流落于沪。后又找商务印书馆《小说月报》的恽铁樵介绍工作未成，复流落于沪，陷入潦倒困顿，走投无路之际想跳江自杀，被商务印书馆发行所的黄警顽解救，并在生活上施以援手。后来徐悲鸿又得到吴兴书画收藏家黄震之的帮扶。这些雪中送炭让徐悲鸿铭刻一生，感激不已，曾一度改名"黄扶"。后来，他在欧洲留学期间最为窘迫之时，也是得到黄孟圭、黄曼士两兄弟的解囊相助（图二）。

图二　青年徐悲鸿

　　徐悲鸿是一个知恩图报的人，为了表达自己对黄姓人士的感激，1927年底，他曾制定过一份油画肖像的润格："胸像 500 元，半身像（到膝为止）700 元，全身像 1000 元，末行加黄姓者减半"，所谓"黄姓者减半"，就是为了不忘当年黄震之、黄警顽的扶助，而泽及黄姓之人。徐悲鸿曾经把自己画入《田横五百士》中，身着一袭黄衣，表明自己永远不忘帮助过自己的黄氏好友。后来黄警顽生活寥落，年老体衰，徐悲鸿把他带到中央美院极尽照拂。1930 年，他为贺黄震之六十大寿而精心构思国画《黄震之像》，并题跋："饥弱天下若由己，先生岂不慈！衡量人心若持鉴，先生岂不智！少年裘马老颓唐，施恩莫忆仇早忘！赢得身安心康泰，矍铄精神日益强。我奉先生居后辈，谈笑竟日无倦意，为人忠谋古所稀！又视人生等游戏，纷纷来民欲何为？先生之风足追企，敬貌先生慈祥容，叹息此时天下事!"① 落款为"黄震之先生六十岁影"。此外,徐悲鸿竭尽所能,帮助病困澳洲的黄孟圭。

二 胸中有大义,笔下有乾坤——徐悲鸿的爱国情怀

1. 五四运动时期的徐悲鸿

1917 年 12 月,在恩师康有为的推介下,徐悲鸿来到北京谋求发展。1918 年初,他被时任北京大学校长的蔡元培聘请出任北京大学画法研究会导师(图三)。

图三 1919 年北京大学画法研究会师生合影(后排右五为徐悲鸿)

此时正是五四运动前夕,提倡民主和科学的新文化运动如火如荼,陈独秀出任北京大学文科学长,与鲁迅、李大钊、胡适等人以《新青年》等

---

① 傅宁军:《悲鸿生命》,人民文学出版社 2006 年版,第 18 页。

进步刊物为阵地，猛烈抨击封建思想，提倡新道德、新文学，北大校园成为中国新文化的思想中心。在北大，徐悲鸿找到了符合自己气质的理想氛围，思想也在新文化思潮中脱胎换骨。北大给徐悲鸿最大的影响，是把他从"绘画中国"引导到"现实中国"里来。他不再只是一个书斋画家，对于民族命运产生了深深的忧患意识，并且怀揣着一大堆改变中国文化的革命思想。

　　1918 年 5 月 14 日下午，在北大画法研究会上，年仅 23 岁的徐悲鸿慷慨激昂地说，"中国画学之颓败，至今日已极矣"，颓废的原因是"守旧"。他发表《中国画改良论》，提出了"古法之佳者守之，垂绝者继之，不佳者改之，未足者增之，西方画之可采入者融之"的美术主张①，他立志改革、复兴中国美术，决定去欧洲学习西画，发展和丰富中国画。

　　1919 年 3 月，徐悲鸿从上海启程，5 月到达法国留学（图四）。5 月 4 日，北京爆发了震惊中外的反帝反封建的五四运动。身在欧洲的徐悲鸿，不曾忘怀北大精神，他于民国八年（1919年）撰写的《词两首》檄文，便是最有力的明证②。这两篇悲愤激昂的文字，见证了一个虽在异国他乡，却"位卑未敢忘忧国"，凭自己的一腔热血奔赴"五四"大潮的徐悲鸿。

　　这次欧洲留学，徐悲鸿是有备而

图四　徐悲鸿留学法国

---

① 徐悲鸿：《中国画改良之方法》，王震编《徐悲鸿文集》，上海画报出版社 2005 年版，第 3 页。
② 徐悲鸿：《诗两首》，王震编《徐悲鸿文集》，上海画报出版社 2005 年版，第 213 页。

来。中国绘画需要从西方"拿来"些什么？他考虑的不是个人爱好，而是民族文化的更新。"借助他山，必须自有根基，否则必成为两片破瓦，合之适资人笑柄。"① 徐悲鸿清醒地认识到，如果说西方文明汲取东方文化在治他们的病，我们却躺在阿Q式梦里睡大觉，那么"吾人热烈期待的文艺复兴便无希望，恐怕我们以往的敌人，倒完成他们的文艺复兴了。这是多么需要警惕的事呀"。因此欲救"目前之弊，必采欧洲的写实主义"②。

徐悲鸿对中国画的改良不仅是技法上的革新，更是国民精神的革命。他说："民族精神不可或缺，艺术家即是革命家，救国不论用哪一种方式，苟能提高文化，改造社会，就充实国力了。欧洲哪一个复兴的国家，不是先从文艺复兴开始呢？我们不要看我们的责任小，要刻苦地从本分上干去。"③ 他还说，一幅作品最少要反映一些时代精神。他时常思考着"大道"，那就是一个民族的使命和一个画家的责任——立大德，创大奇，"为人类申诉"。

20世纪20年代的中国，军阀混战，外族入侵，当权者不抵抗，帝国主义为巩固和扩大在中国的侵略利益，多次制造血腥惨案，人民生活在水深火热之中。面对内忧外患的时局，徐悲鸿于1927年夏天作有《革命歌词四章》，表达他对外国侵略者的愤恨，对国内混乱时局的忧虑，对家国兴亡的感触，以及拯救国家的热情和期望④。

2. 抗战时期的徐悲鸿

徐悲鸿的前半生，正值中华民族灾难深重的时期。对于民族的痛苦与危难，他认为，所有的画都要有精神所寄。徐悲鸿的爱国情怀在其艺术创

---

① 徐悲鸿：《徐悲鸿讲艺术》，九州出版社2005年版，第17页。
② 徐悲鸿：《当前中国之艺术问题》，王震编《徐悲鸿文集》，上海画报出版社2005年版，第139页。
③ 徐悲鸿：《与王少陵谈艺术》，王震编《徐悲鸿文集》，上海画报出版社2005年版，第81页。
④ 徐悲鸿：《革命歌词四章》，王震编《徐悲鸿文集》，上海画报出版社2005年版，第214页。

作中表达得最充分，其作品既有历史题材，也有现实内容。他最具历史分量的作品是创作于抗日战争时期的那些直接或间接表现抗日救亡主题的作品（图五）。

图五　20 纪 30 年代的徐悲鸿

创作于 1928 年的《蔡公时被难图》是徐悲鸿最早、最直接表现抗日救亡现实题材的一幅作品。1928 年 5 月，日本侵略者在山东向国民党军队发起进攻，5 月 3 日在济南制造了震惊中外的"五三惨案"。日本置国际法于不顾，派兵进驻济南、青岛及胶济铁路沿线，在济南内城开枪射杀中国士兵，又向国民革命军第四十军第三师第七团的两个营发起攻击。战地政务委员会外交处主任蔡公时前去交涉，竟遭日军割耳舌、切鼻、挖眼虐杀。济南惨案发生后，福建省教育厅厅长黄孟圭来信，邀请徐悲鸿去福州创作油画《蔡公时》。怀着激愤且敬重的心情，徐悲鸿用了与《田横五百士》大约同大的尺幅，花了两个多月的时间，创作了油画《蔡公时被难图》。此画当年一经展出便引起轰动，感动了无数人。

"富贵不能淫，威武不能屈"是徐悲鸿一生写过无数次的人生格言，他在画布之上画出了慷慨赴死的坦荡气质，把一个民族的大无畏推向极致。1928年创作、1931年完稿的油画《田横五百士》（图六），是徐悲鸿的第一幅巨作，也是中国第一幅人物众多的大型主题油画。故事取材于《史记·田儋列传》，讲述陈胜、吴广起义后，各方豪杰纷纷响应，齐国的后裔田横也反秦自立。汉高祖刘邦消灭群雄、统一天下后，田横不肯称臣于汉，率五百将士困守孤岛。刘邦听闻田横很得人心，为免后患，便下诏要田横来降，否则派兵铲平孤岛。为了保存岛上五百人的性命，田横带领两名部下离开海岛向洛阳进发。到离城门还有三十里的地方，田横沐浴更衣，拔剑自刎。死前他叮嘱两名副将拿着他的人头去见刘邦，表示自己不受投降的屈辱。汉高祖厚葬田横，并封两名副将为都尉，但两人追随田横，自缢而亡。岛上的人得知消息后，纷纷蹈海而死。

图六　油画《田横五百士》，徐悲鸿绘

画面描写了舍生取义、生离死别的悲壮场景，人物众多，各自诉说着离别之情，从精微处体现悲愤之情。身穿红袍的田横气宇轩昂，拱手向众壮士告别。持剑者的手臂以宽阔的笔触挥写，显示出激愤与力量。一群衣不蔽体但神情倔强、性格各异的男女老少，或忧伤，或沉默，或愤怒。颈部扭曲的战马与浓重低沉的白云，以及以一当十的不对称构图，都预示着一场不平静事件的发生，整幅画面呈现出强烈的悲剧色彩。

在中国历史上，"田横五百士"成为忠义、节烈的象征，借用这一典故，或用以呼唤同仇敌忾、共赴国难的英勇精神，或用以歌颂誓死不作亡国奴的民族气节，或用以抒发家国不再的悲怆。司马迁曾感慨道："田横之高节，宾客慕义而从横死，岂非至贤！余因而列焉。不无善画者，莫能图，何哉？"① 自称"江南贫侠"的徐悲鸿，在两千年后用充满想象力的彩笔，回应了太史公"无不善画者，莫能图"的诘问，这不是美术史上的不朽业绩吗？

九一八事变后，日本侵略军的铁蹄踏入中国东北，东三省沦陷。国内军阀混战，百姓处于水深火热之中。徐悲鸿心急如焚，他给自己的居所起名"危巢"，写《危巢小记》曰："古人有居安思危之训，抑于灾难丧乱之际，卧薪尝胆之秋，敢忘其危，是取名之义也。"② 表达他忧国忧民的情感。他用画笔呐喊，用《徯我后》的历史典故，盼望正义之师的到来，对苦难同胞表达深切同情。油画《徯我后》的故事取材于《尚书·仲虺之诰》，描写的是夏桀暴虐无道，民不聊生，商汤带兵去讨伐，受苦受难的百姓渴望得到解救，企盼明君的到来。于是便说"徯我后，后来其苏"，意思是"等待我们贤明的圣君，他到来了我们就得救了"。

---

① 《史记》卷九十四《田儋列传》。另见艾中信《徐悲鸿研究》，上海人民美术出版社 1981 年版，第 50 页。

② 廖静文：《徐悲鸿传》，中国青年出版社 2016 年版，第 140 页。

1936 年，两广地区爆发了"六一事变"，桂系将领李宗仁、白崇禧、黄旭初等通电全国表示，反对南京政府的不抵抗政策，愿意积极抗日，为国雪耻，为民族争生存。此时身在广西的徐悲鸿敬重他们的义举，视他们为英雄，创作了油画《广西三杰图》。画面上三位抗日英雄一身戎装，气宇轩昂，威风凛凛地骑在战马上，背后是桂林山水，寓意着他们保卫家国的坚强意志。此外徐悲鸿还将自己的艺术思想与救亡呼声传达给自己的学生："我自度微末，仅敢比于职分不重要之一兵卒，尽我所能，以期有所裨补于我们极度挣扎中之国家。我诚自如，无论流过我无数量的汗，总敌不得我们战士流的一滴血。但是我如不流出那些汗，我会更加难过。"①

徐悲鸿的油画创作，一向取材于经史，而油画《放下你的鞭子》却是在抗日战争的烽火中，在群众的斗争生活中激发起他的创作激情。1939 年，在新加坡举办筹赈画展的徐悲鸿，多次看到红遍国内抗日前线和后方的街头话剧《放下你的鞭子》，此剧浓烈的爱国主义情绪，南洋华人圈高涨的爱国氛围，与画家一贯的爱国热情在情感和精神上产生共鸣，徐悲鸿很激动，用画笔把这段历史告诉后人。油画《放下你的鞭子》传达了"枪口对外，一致抗日"的救亡呼声，反映了民众团结一致抵抗侵略、保卫祖国的呼声。

1941 年，国内抗战如火如荼，为了打通中国与外界的生命线路——滇缅公路，在中缅边境的高山峡谷和原始森林里，数十万中国军民挥动着最为简陋的工具，风餐露宿，以最坚韧的毅力、最顽强的拼搏、最矢志不渝的信念劳作着。这幅中华民族在绝境中求生存的悲壮画面萦绕在徐悲鸿的脑海中，他仿佛看到了那个白胡子愚公和他的子孙从洪荒远古朝他走来，他们赤裸着血肉身躯，也秉承着"子又生孙，孙又生子……子子孙孙无穷匮也"的坚定信念。

---

① 徐悲鸿：《半年来之工作感想》，王震编《徐悲鸿文集》，上海画报出版社 2005 年版，第 106 页。

　　正是愚公不怕困难的顽强毅力和有志者事竟成的行为，沸腾了画家爱国忧民的男儿血脉。大型彩墨画《愚公移山》（图七）通过西方人体艺术理念与中国传统绘画技巧的融合，运用形、光、色、线、点、面等中国、西方的所有造型艺术手段，充分发挥各种元素的魅力，着力表现叩石垦壤的壮男体魄，他们大多全裸，只有少数着短裤，形象高近真人，他们挥舞着手中之镐，有正有侧，有仰有俯，造型夸张，动态强烈，神情激越。画上的每一笔既自然流畅又不失严谨，每一根线条都被赋予生命力，力度空前，以很强的视觉冲击力表达一种排山倒海的决心，呈现出一种恢宏气势。整个作品洋溢着乐观无畏、改天换地的英雄气概，是对力量与原始生命的礼赞，在抗日战争最艰苦的年代里，它极大地鼓舞了中国人民的斗志。

图七　中国水墨画《愚公移山》，徐悲鸿绘

　　如果说《愚公移山》是徐悲鸿借用神话传说来展示中华民族坚强不屈的气概，那么《巴人汲水图》便是借用现实生活来展示中华民族勇于抗争的精神。画面自题赋诗：“忍看巴人惯担挑，汲登百丈路迢迢。盘中粒粒皆辛苦，辛苦还添血汗熬。廿六年冬，随中央大学入蜀，即写所见，悲鸿。”① 诗文既表现了徐悲鸿对当时百姓凄苦生活的同情，也体现了画家用

① 廖静文：《徐悲鸿传》，中国青年出版社 2016 年版，第 140 页。

图八　纸本设色《奔马》，徐悲鸿绘

画笔为苍生写照的历史使命感。

徐悲鸿曾说："鄙性好写动物……实我托兴、致力、造诣、自况。"① 他笔下的动物"托兴""自况"用意极其明显，也非常深刻。

徐悲鸿以画马驰名，他笔下的马堪称一绝，大笔挥洒写意法绘画的马，开一代之生面，是中西融合的现实主义创作风格的典范（图八）。他又擅长以马喻人、托物抒怀，以此来表达自己的爱国情怀。如 1928 年所题《嘶风》："峻嶒瘦骨不同群，竹石如山隔世氛，能托死生今有几，回头犹识旧将军。"② 1935 年题《立马》："岂无强筋骨，临风思战场；太平忽自致，且乐华山阴。"③ 1936 年题《奔马》："本是驰驱跋涉身，几回颠踬几沉沦；为寻尝胆卧薪地，不载昂藏亲善人。"④ 1939 年题《立马》："伏枥生憎恨，穷边破寂寥，风尘动广漠，霜草识秋高，青海有狂浪，天山非不毛，终当引俦侣，看落日萧萧。"⑤ 1941 年题《病马》："前日狂奔八百里，艰危相倚主人知；沙场故国他年志，筋骨此番苦予支。"⑥ 1941 年题《奔马》："辛巳八月十日第二次长沙

---

① 艾中信：《徐悲鸿研究》，上海人民美术出版社 1981 年版，第 63 页。
② 华天雪：《徐悲鸿的中国画改良》，上海书画出版社 2007 年版，第 122 页。
③ 王震编：《徐悲鸿文集》，上海画报出版社 2005 年版，第 215 页。
④ 王震编：《徐悲鸿文集》，上海画报出版社 2005 年版，第 216 页。
⑤ 王震编：《徐悲鸿文集》，上海画报出版社 2005 年版，第 217 页。
⑥ 王震编：《徐悲鸿文集》，上海画报出版社 2005 年版，第 219 页。

会战，忧心如焚，或者仍有前次之结果也。企予望之。徐悲鸿时客槟城。"
奔腾驰骋，一往无前，这就是徐悲鸿的奔马。在那个时代，徐悲鸿的马是
号角，是战斗，是威武，是不屈服，是一个民族觉醒的象征。

　　徐悲鸿笔下的鸡，也是与国家同呼吸共命运的。1932 年的《风雨如
晦，鸡鸣不已》，题词"雄鸡一声天下白"，是对十九路军健儿在淞沪抗日
的歌颂。1937 年的《壮烈之回忆》，题跋"廿六年一月廿八日，距壮烈之
民族斗争又五年矣，抚今追昔，曷胜感叹"[1]。徐悲鸿用雄鸡的高啼，表达
他对淞沪会战将士的敬意，颂扬中华民族的顽强不屈。作于同一年《风雨
鸡鸣》，正值抗日战争全面爆发之时。画一只在暴风雨中站在石尖上昂首
啼鸣的公鸡。风雨隐喻着国家面临的恶劣形势，晦暗的天空寓意国难当
头，低垂的竹叶袒露出压抑的心情，唯有雄鸡不惧危险，敢于抗争。画家
正是希望我们的民族也像雄鸡一样振奋起来。

　　徐悲鸿笔下的狮子是威严高傲、凛凛不可侵犯的，表达了画家对时事
的态度，也是民族精神的象征。《新生命活跃起来》作于 1934 年，正是东
三省沦落、国难当头之时。以消瘦却威武的雄狮象征中华民族，希望睡狮
醒来，飞跃山涧，一往无前，以自救民族于危亡。《负伤之狮》作于 1938
年，中国正遭受日本帝国主义的侵略，徐悲鸿满怀悲愤，画此负伤雄狮。
它回身昂首，双目怒视远方，这是一幅用浪漫主义手法抒发情怀的佳作。
狮虽然负伤，但未屈服，仍然保持昂扬斗志和复仇的信念，在它身上体现
了中华民族自尊自强的精神。迎风飘舞的鬃毛，强健有力、紧抓地面的利
爪，喷出怒火的双眼，都传达着震撼人心的力量。画面题："负伤之狮。
廿七年岁始，国难孔亟，时与麋（麟）若先生同客重庆，相顾不怿，写此

---

[1]　傅宁军：《吞吐大荒》，人民文学出版社 2006 年版，第 92 页。

聊抒忧怀。"①《侧目》一画绘于徐悲鸿在新加坡为抗战筹款之时，画家把虎视眈眈、张着嘴、露着尖牙的毒蛇喻为挑衅者，双目放光的瘦狮则象征着中华民族，它已经觉醒，目光中充满着对于敌人的鄙视。此画运用了短缩透视法，以突出雄狮的头部和向前迈出的利爪。墨线和皴擦、渲染结合得如此完美，浑然天成。

1943 年的《会师东京》，徐悲鸿题曰："会师东京。壬午之秋绘成初稿，翌年五月写成兹幅，易以母狮及诸雏居图之右。略抒积愤，虽未免言之过早，且喜其终须实现也。卅二年端阳前后，悲鸿。"② 这幅作品创作于第二次世界大战后期，徐悲鸿已经预感到中国的抗日战争必将取得胜利，于是取"狮"的谐音，画七只大小狮子，寓意同盟国胜利会师于日本的富士山顶。画中怒吼的群狮聚集在日本的富士山巅，目光炯炯有神，注视远方，乱云飞渡的云层间，依稀泛出晨光，喻示着民族斗争胜利的曙光即将到来（图九）。

图九　纸本设色《会师东京》，徐悲鸿绘

---

①　华天雪：《徐悲鸿的中国画改良》，上海书画出版社 2007 年版，第 120 页。
②　华天雪：《徐悲鸿的中国画改良》，上海书画出版社 2007 年版，第 120 页。

文为心声，徐悲鸿除了将家国情怀直接投注于画笔之下，还将对时局的关注引入中国画的题跋中。如在《雄鸡》上题："雄鸡一声天下白。十九路军健儿奋勇杀敌，振华毙亡民族，图以美之。"① 在《梅花》上题："疏影。卅二年始寒与静文清赏，悲鸿时居重庆磐溪中国美术学院，画成而有极壮烈之常德保卫战。"② 在《芭蕉麻雀》上题："廿七年春仲返桂林写于美术学院，时我军与凶倭鏖战于台儿庄。"③ 在《双鹤》上题："廿七年九月十八，倭机轰炸柳州，悲鸿正写此画未竟。"④。

徐悲鸿对国家时局的关注及他强烈奔放的家国情怀，是其精神世界的一个重要部分，而寄怀于画笔下的人物、动物、花卉、风景画，也成了他的一种习惯，他把民族的命运和人民的福祸紧密相连，表达着他对国家、对民族深沉的爱。观画的普通民众则用自己的真情实感做了回应："徐悲鸿的作品对我来说，简直是人类精神世界的百科全书，它充分表达了人类的尊严和高尚的情操……画中表现的为生存、为尊严而斗争的不屈不挠精神正是当代画家不遗余力地加以表达的主题。"⑤

3. 新中国初期的徐悲鸿

1949 年 10 月中华人民共和国成立以后，徐悲鸿的艺术创作和教育进入一个文艺为祖国、为人民服务的全新时期，他以自己的作品能为人民服务而感到无限光荣。

徐悲鸿积极参加各种政治文化活动，例如参与设计国旗、国徽、国歌的工作。在全国第一届文学艺术工作者代表大会上，他指出："艺术必须

---

① 华天雪：《徐悲鸿的中国画改良》，上海书画出版社 2007 年版，第 126 页。
② 华天雪：《徐悲鸿的中国画改良》，上海书画出版社 2007 年版，第 126 页。
③ 华天雪：《徐悲鸿的中国画改良》，上海书画出版社 2007 年版，第 129 页。
④ 华天雪：《徐悲鸿的中国画改良》，上海书画出版社 2007 年版，第 129 页。
⑤ 重柏：《在罗马尼亚举办"徐悲鸿画展"追忆》，徐悲鸿纪念馆编《美的呼唤》，中国和平出版社 1995 年版，第 106 页。

与政治结合，必须在启发群众和教育群众上起一定的作用，我们美术工作者应走的道路，无疑的是现实主义的道路。"① 1949 年，徐悲鸿当选为中华全国美术工作者协会（现中国美术家协会）主席，并担任中央美术学院院长，主持中央美院的建设与教学工作。1949 年 4 月，他受邀出席第一届世界保卫和平大会，创作大幅彩墨画《在世界和平大会上听到南京解放》，表达了中国人民对和平的渴望。

新中国的成立让徐悲鸿的创作热情高涨，在身体抱病的情况下，着手创作大幅油画《毛主席在人民中》。他说："我现在正着手绘制一幅四码宽、两码高的《人民和毛主席》大油画，想在大暑以前完成，六年以来，我因为患血压高症，几乎完全失去重作油画的兴趣，在我目前仍不健康的高血压情况下来进行这样巨幅的油画创作，是需要极大的勇气和热诚的，而这种不能自抑的勇气和热诚的产生，是由于毛主席的伟大革命事业的感召。"② 之后他还构思创作油画《鲁迅与瞿秋白》（图一〇）、绘制国画《九州无事乐耕耘》等。

徐悲鸿曾剖析自己"虽提倡写实主义二十余年，但未能接近大众"。此时他不顾自己年老多病，拎起画箱，走到人民群众中间，身先士卒，画了许多新时代普通劳动者的素描、速写，透过自己的画笔，展现文艺的新主角（图一一）。1950 年，全国战斗英雄劳动模范大会在北京召开，徐悲鸿亲自带领中央美院的教师们，为来自全国各地的英模画像。他又抱病前往山东的水利工地体验生活，为劳动模范画素描肖像，还画了许多速写，并计划创作规模宏大的《导沭整沂水利工地的百万分之一》巨幅油画，反

---

① 徐悲鸿：《美术工作的意见和经验》，王震编《徐悲鸿文集》，上海画报出版社 2005 年版，第 155 页。
② 徐悲鸿：《美术工作的意见和经验》，王震编《徐悲鸿文集》，上海画报出版社 2005 年版，第 155 页。

图一〇　20世纪50年代初的徐悲鸿

图一一　创作中的徐悲鸿

映中国建设的新面貌。为了向民众灌输爱国主义思想，徐悲鸿计划编制一套汇集中国历代文物的《爱国主义教育挂图》，挂在大中小学校及公共场所，他在草拟的《爱国主义教育挂图》序言中写道："此一切皆先民劳动天才之创造，此一切皆以美术眼光判断选刊……"①

4. 抗美援朝时期的徐悲鸿

在抗美援朝运动中，徐悲鸿身先士卒，与全国文联、妇联、美协、北京市文联四家单位共同发起举办"抗美援朝书画义卖会"，将义卖的全部收入捐献给朝鲜战场的中国人民志愿军。为了响应全国文联捐献"鲁迅号"飞机的号召，徐悲鸿画马 20 幅，义卖并捐献购买飞机。他将夫人穿的一件皮袍改成若干双皮手套，送往朝鲜前线。躺在病床上的徐悲鸿，常给志愿军战士写慰问信和诗歌，并画宣传画，寄往朝鲜前线。他又抱病为志愿军战士寄《奔马》一幅，并附函云："今天我能够亲笔向你们写信，这是多么幸运。"又说："我以能为你们服务而感到无限光荣。"为了完成志愿军战士请画的《八骏图》，尚在病中的徐悲鸿气力不支，但也不肯马虎，便改为画单匹奔马。他说："为什么画单幅的，第一我的气力不能画大幅的八骏图，只好画单幅的，凑在一起总算实践了我对英雄们的诺言。再说，我画画，总不肯马虎，特别是送给志愿军的；所以，我现在虽然只寄出了六幅，实际上我已经画了二三十幅，那六幅是从这几十幅里挑出来的。"②

1953 年 9 月，徐悲鸿在为《真理报》撰写的《文化的繁荣》一文中写道："我一想到我们国家新的命运，心中就充满了不可抑制的激情。我，作为一个艺术家，想要走遍全中国，把祖国各地的美景，每个豪迈的劳动

---

① 廖静文：《徐悲鸿传》，中国青年出版社 2016 年版，第 496 页。
② 徐悲鸿：《与丁楚谈艺术》，王震编《徐悲鸿文集》，上海画报出版社 2005 年版，第 167 页。

者都画出来，我想要在描绘我们光荣的创造性时代的自己的创作中，表现出我自己的热烈的感情，让它永远活在亿万劳动人民和后代子孙的心中，燃烧着永不熄灭的火焰。"① 9 月 23 日，徐悲鸿出席全国文艺工作者第二次代表大会，任会议执行主席。是晚，徐悲鸿在出席迎接波兰画家的宴会上突发脑溢血，9 月 26 日不幸逝世，倒在中央美术学院院长的岗位上。

三　拳拳赤子心——与中国共产党人交往的徐悲鸿

徐悲鸿的一生丰富而壮阔，他曾经颠沛流离、饱受磨难，思想认识也经历了一番变化，逐渐认识到共产党人是我们学习的榜样。他在一封信里说："吾人虽非共产党人，但他们的'先天下之忧而忧，后天下之乐而乐'的精神实足钦佩。"② 他又说："中国没有共产党不行，没有毛泽东不行，没有八路军不行。"③

1. 莫负平生志——徐悲鸿与周恩来

徐悲鸿与周恩来是在法国相识。1921 年 12 月，赴法国勤工俭学的周恩来，到巴黎拉雪兹墓地的巴黎公社社员墙凭吊死难烈士，巧遇在这里写生的徐悲鸿，两个同样怀揣理想和抱负的中国青年，在巴黎结下了深厚的友谊，并且延至一生。

周恩来十分赏识徐悲鸿的绘画造诣，也很敬重徐悲鸿用画笔来关注国家前途和命运的爱国之情。他高度赞扬徐悲鸿的名作《徯我后》，说徐悲鸿将知识分子的历史担当落到了中国的"人"与"人生"上，落到了国家

---

① 徐悲鸿：《文化的繁荣》，王震编《徐悲鸿文集》，上海画报出版社 2005 年版，第 168 页。
② 吴作人：《刚正不阿——纪念徐悲鸿逝世三十周年》，徐悲鸿纪念馆编《美的呼唤》，中国和平出版社 1995 年版，第 188、191 页。
③ 杜国敏：《记杨德淳先生谈徐悲鸿》，徐悲鸿纪念馆编，《美的呼唤》，中国和平出版社 1995 年版，第 191 页。

的命运上，为中国画开启了"大画"的先河，他认为，徐悲鸿身上有鲁迅那种"横眉冷对千夫指，俯首甘为孺子牛"的精神。

周恩来一直关心徐悲鸿的生活和工作。1945 年春，周恩来委托郭沫若前往磐溪，探望病中的徐悲鸿，并给他捎去延安的小米和红枣。解放前夕，周恩来嘱咐徐悲鸿要留在北平，保护好学校，迎接解放，把北平艺专办好，为人民培养一批有理想、有能力的美术工作者。周恩来还说，他很喜欢徐悲鸿创作的国画《风雨如晦，鸡鸣不已》，说这幅画代表了当时重庆的政治气氛，反映了时代的脉搏。

1949 年解放北平之时，徐悲鸿不顾个人安危，第一个向傅作义谏言。1949 年 6 月，在新政治协商会议筹备会上，徐悲鸿向周恩来提议，以《义勇军进行曲》作为代国歌。有代表提出，"中华民族到了最危险的时候"这句歌词不太合时宜，周恩来却很认同徐悲鸿的提议，认为我们要居安思危，这个歌词不能改。1950 年 2 月，中央人民政府正式批准中央美术学院成立。周恩来总理颁布委任状，任命徐悲鸿为第一任院长。徐悲鸿在中央美院成立典礼上致辞："这是我一生中感到最光荣、最愉快的一天，我决心在党的领导下，为进一步发展美术教育事业竭尽余力。"（图一二）

中华人民共和国成立后，徐悲鸿的创作热情高涨，他不顾身体虚弱，在美术教育和社会活动中做出卓越的贡献，周恩来很关心徐悲鸿的身体，曾多次探望，并与他探讨在年老体弱的情况下如何继续创作，并说《毛主席在人民中》这幅画构思很好。1952 年徐悲鸿从山东水利工程工地体验生活回来后，构思描绘水利工程的油画，繁重的工作使他突发脑溢血，周恩来指示医院尽力抢救，要挑最好的医生组成医疗小组。1953 年 9 月 23 日，徐悲鸿在主持第二届全国文艺工作者代表大会期间猝然倒下，9 月 26 日逝世。周恩来赶到医院向徐悲鸿的遗体告别，十分悲痛。1954 年成立徐悲鸿纪念馆时，周恩来亲笔题写"悲鸿故居"匾额。

图一二　1949 年文艺界代表出席第一届全国政治协商会议，前排左一为徐悲鸿

2. 人生一知己——徐悲鸿与田汉

徐悲鸿一生与田汉的至交及情感上的共鸣，不仅是老友与老友的关爱，更是两个血性男儿的心灵撞击。

1927 年，徐悲鸿从欧洲留学归来，田汉邀徐悲鸿在上海艺术大学作美术演讲，他对徐悲鸿渴望对中国美术教育进行革新的想法十分认同。此时爆发四一二反革命政变，反蒋呼声高涨，田汉以戏曲创作进行政治的怒吼。徐悲鸿对田汉所编新剧《潘金莲》大为称赞，认为此剧是"翻数百年之陈案，揭美人之隐衷，入情入理，壮快淋漓，不愧杰作"[1]，而田汉本人也认为此剧是"新国剧运动的第一声"。在对潘金莲的理解上，田汉与徐悲鸿、欧阳予倩共识颇多，均认为艺术要以形式完美为手段，达到表述先

---

① 董健：《田汉传》，北京十月文艺出版社 1996 年版，第 287 页。

进思想之目的。正是艺术观上的一致，他们相约奋斗到底，决定建立南国艺术学院。

"他们三人在霞飞坊悲鸿宅经数次谈话，商定南国电影剧社改组的章程，定名南国社，徐悲鸿并为拟定法名为 Cerele Artistique du Midi，并成立一个研究机构，叫南国艺术学院，隶属于南国社，并初步议定，学院暂设文学、绘画、戏剧三科，由他们三人分任各科主任。"[1] 南国艺术学院的创立宣言为"培植能与时代共痛痒而又有定见实学的艺术运动人才以为新时代之先驱"[2]。

1928 年 3 月，南国艺术学院在上海成立，田汉致辞："本学院是无产青年所建设的研究艺术机关，师友应团结一气，把学校看成自己的东西。"[3] 徐悲鸿讲话："我奉送诸位同学一个字：诚。著诚去伪，这是艺术真髓所在。不管为人，还是从艺，一定要忠实、诚恳。"[4] 这就是"南国精神"，不论在文学上、戏剧上、美术上，都要在求美、求善之前，先得求真。南国艺术学院这所私立的学院，由于没有经费来源，校舍简陋不堪，全院没有职工，院长、科主任全是兼职，具体事务都由学生担任，所以学校充满活力和锐意进取精神。

徐悲鸿被那些"无产青年"敏而好学的精神所感动，也被田汉憨直的湖南人的"霸蛮"精神所鼓舞，此时的他已接聘南京国立中央大学艺术系教授之职，为了支持田汉的"私学"，便向中央大学提出，每月一半时间在中大任职，另一半时间在南国艺术学院任教，从此他不辞劳苦地奔波在宁沪之间。在南国艺术学院，徐悲鸿是义务兼课，不取分文，连上课

---

[1] 董健：《田汉传》，北京十月文艺出版社 1996 年版，第 291 页。
[2] 董健：《田汉传》，北京十月文艺出版社 1996 年版，第 291 页。
[3] 董健：《田汉传》，北京十月文艺出版社 1996 年版，第 295 页。
[4] 董健：《田汉传》，北京十月文艺出版社 1996 年版，第 295 页。

的车费都自掏腰包。除了授课外，他就置身在那间简陋的画室，着手创作了第一幅大型人物主题油画《田横五百士》，画中的田横，徐悲鸿是以田汉的形象画的。《田汉传》中也有如下描写："他看看田汉，觉得这位'南国'的头头恰似他正在创作的巨画《田横五百士》中的众士之首；再看看台下那一张张勇敢、热情的脸，觉得他们有如画中那群忠诚的壮士。"①

九一八事变后，田汉创作了许多抗日宣传的剧本，其中电影《风云儿女》在当时影响最大，其主题歌《义勇军进行曲》很快在全国流行。"起来，不愿做奴隶的人们，把我们的血肉筑成我们新的长城，中华民族到了最危险的时候……"徐悲鸿听到这首歌，被其中高度概括的民族精神所感动，于是写了如下评论："垂死之病夫偏有强烈之呼吸，消沉之民族里乃有田汉之呼声，其音猛烈雄壮，闻其节调，当知此人之必不死，其民族之必不亡。"② 中华人民共和国成立后，在徐悲鸿的提议下，田汉作词的《义勇军进行曲》成为代国歌。

1935 年 2 月 19 日，因叛徒告密，田汉在上海被国民党反动派逮捕，后羁押在南京。白色恐怖时期，别人都避之不及，徐悲鸿却挺身而出，两肋插刀，为营救田汉多方奔走。最后，徐悲鸿请了宗白华与张道藩，三人一起为田汉担保，田汉才得以保释出狱。

来到重庆的徐悲鸿，对于田汉主持的三厅艺术处给予力所能及的帮助、谋划、支援，他还推荐吴作人、陈晓南等画家去找田汉，组成战地写生团，奔赴台儿庄战地作画。

田汉在《我们的自己批判》一文中，曾对徐悲鸿求全责备，流有微

---

① 董健：《田汉传》，北京十月文艺出版社 1996 年版，第 295 页。
② 傅宁军：《悲鸿生命》，人民文学出版社 2006 年版，第 98 页。

词，但这不影响他们之间的兄弟之情。徐悲鸿对田汉评价很高："田汉毕竟是条好汉，他喊出的声音，的确是民众的声音，尽管率直简单，可是一凭直觉，真实肯定，不假思索的自由意志……田先生之长处，乃在其动中肯綮。他所启示，乃民族问题，不仅是国家问题……"①

中华人民共和国成立前夕，北平艺专作为官办的最高学府，被南京政府教育部一再催促，尽快南迁。受毛泽东和周恩来的派遣，田汉冒着危险从解放区秘密进入北平，密晤徐悲鸿，完成中央交付的重托。

1949 年，徐悲鸿与田汉一同参加世界保卫和平大会。临行前，徐悲鸿让廖静文买了两份毛巾、香皂和手帕，其中一份是给田汉的。在路上，徐悲鸿给田汉画了速写。徐悲鸿去世后，田汉失声恸哭。

20 多年来，早已参加中共地下党的田汉，与没有政治背景的徐悲鸿，两人亲如手足。一个在戏剧战线上，一个在美术领域里，为了国家和民族的复兴，他们都做出了巨大的贡献。

3. 诗画两巨擘——徐悲鸿与郭沫若

1925 年秋，徐悲鸿从新加坡回到上海举办个人的第一次画展，好友田汉为徐悲鸿举行接风消寒会（旧俗入冬后，亲朋相聚，宴饮作乐，谓之消寒会），并且介绍上海文艺界人士郭沫若等与徐悲鸿相见。徐悲鸿与郭沫若一见如故，谈诗论画，针砭时弊，十分投机，大有相见恨晚之感。这是二人友谊的开始。

1938 年，郭沫若在武汉担任政治部第三厅厅长，田汉为艺术处处长，在郭沫若和田汉的邀请下，徐悲鸿从重庆来到武汉，准备上任美术科科长，来实现他报效国家的热血男儿梦想。然而不巧的是，要去第三厅报到的徐悲鸿阴差阳错地跑到政治部主任陈诚的接待室，或许是因为徐悲鸿曾

---

① 徐悲鸿:《中国舞台协会之成功》，王震编《徐悲鸿文集》，上海画报出版社 2005 年版，第 81 页。

在广西支持桂系将领李宗仁、白崇禧等人发起的抗日救亡的"六一运动"，让蒋派嫡系的陈诚心存成见，很难释怀，所以他对徐悲鸿的到来不理不睬，这让乘兴而来的徐悲鸿大为恼火。等郭沫若闻讯赶到，徐悲鸿已经坐了好几个小时的冷板凳，他本就无意混迹官场，只是想让他的艺术为抗战服务，实现他"尽其所能，贡献国家，尽国民一分子之义务"的情怀，此番冷遇，让他对国民党的官僚作风深恶痛绝，所以不顾郭沫若的劝说和挽留，决然告辞，返回重庆。

抗日战争后期，徐悲鸿与郭沫若聚首于重庆。1945年初，郭沫若前来磐溪探望病中的徐悲鸿，与他商谈如何争取人民民主，徐悲鸿毫不犹豫地在郭沫若起草的《陪都文化界对时局进言》（下文简称《进言》）上签名。当时在国民党的统治下，尽管被桎梏的广大民众渴望有一个中国共产党参加的民主联合政府，然而谁都清楚，在白色恐怖笼罩下的国民党心脏地区，在《进言》这样的战斗檄文上签名，要冒多大风险。

徐悲鸿是个艺术家，没有从政的兴趣，也无追逐名利的想法，他只是凭着血性男儿的良知和知识分子的担当，表达着他对社会昌明的向往。何况郭沫若是他敬重的老友和至交，他对友情看得很重。士为知己者死，徐悲鸿欣然落笔，还让妻子廖静文也签了名，并兴高采烈地留郭沫若在家饮酒畅谈，郭沫若当即赋诗："豪情不让千盅酒，一骑能冲万刃关。仿佛有人为击筑，磐溪易水古今寒。"

这封有文化界三百多名进步人士签名的《进言》，当时在全国文化界造成了极大的轰动，令国民党十分恼火。蒋介石命人重新起草了一份宣言，让文化界的名人重签，还对不愿在上面签字的人进行威逼利诱、恫吓诋毁。徐悲鸿多次被诱谈和恐吓，甚至被蒋委员长的意思所要挟，然而每次他都很坚决地表明，"我没有受骗，我对我的签名完全负责，不管是谁的意思，我决不会收回我的签名"。同时他让廖静文进城，告诉郭沫若他是绝对不会动摇的，让他放心。

1949 年后，郭沫若也来到了北京，两人的往来就更多了，常常与文艺界的朋友们聚晤，谈艺术，论时局，看徐悲鸿作画。两家家属的走动更是频繁，郭沫若的夫人于立群曾亲手给徐悲鸿的女儿缝制花色和式样都很美丽的连衣裙。

1951 年，徐悲鸿创作《九州无事乐耕耘》，画面描绘了解放后的新中国，农民在自己的土地上精耕细作的场景。徐悲鸿创作此画时，正值数十万中国人民志愿军在抗美援朝战场上中英勇搏杀。此时郭沫若率团参加了在柏林召开的第三届世界保卫和平大会，在会上，郭沫若揭露和控诉美国在朝鲜和我国东北地区投掷细菌弹的罪行，会后又赴莫斯科，参加"加强国际和平"斯大林金奖颁奖仪式，并被授予"加强世界和平斯大林金质奖章"。徐悲鸿闻悉此事大喜，深感这是郭沫若为祖国和人民赢得的无上荣誉，所以他抱病为老友创作了这幅巨作。画面上题跋表明了徐悲鸿的创作目的："沫若先生为世界和平奔走，席不暇暖，兹届出席第三次和平大会归来特写，欧阳文淑诗意赠之，和固所愿，但农夫农妇皆为英勇战士也，1951 春悲鸿。"作品完成后，他立刻送给了郭沫若。《九州无事乐耕耘》这幅国画，见证了徐悲鸿与郭沫若这两位文化名人之间的浓厚友谊。

四　丹青无国界——社会活动家徐悲鸿

1. 欧洲巡展

20 世纪 30 年代，在欧洲人的心目中，积贫积弱的中国还是一个任人宰割的形象。徐悲鸿深感外国人对中国的茫然："窃思吾国在国际间声誉日落，苟无文化宣传，外人观念民，日以谬讹。"① 他也意识到艺术交流的重要性，认为既然中国人到欧洲留学取经，那么也应该让欧洲人了解中国的文化艺术，而"文化宣传之吸引力，以美术为最宏，与人印象亦较深切"②。"因思有一大规模之展览，借以沟通中欧文化，增进国际地位。"③徐悲鸿做出一个大胆的决定：以自家房产作抵押，征集当时各地著名国画家的作品，前往欧洲举办中国美术展览会。

1933 年 5 月 10 日，中国美术展览会在法国巴黎的外国当代美术博物馆开幕，莅会者有政界名流、著作家、学者、贵族以及美术家逾三千人，盛况空前。中国艺术佳作第一次整体在西方亮相，引起了法国艺坛的轰动。诗人梵莱里为之写序，法兰西院士瓦莱西亲自前往，并写了热情洋溢的评论，大赞中国近代画家的"手绘佳作"。各大媒体竞相报道，评论有三百多篇，观众达三万人以上。展览一月期满，复延长半月始闭幕。"此次虽为中国美术在欧第一展览，不独来参观者，印象极深即欧洲各国，亦哄动一时，各国纷纷来电邀请，至该国展览。"④ 于是徐悲鸿又携带画作，在法国、比利时、德国、意大利、苏联五国展览七次，并且成立中国近代美术专室于各大博物院及大学⑤。此次欧洲巡展历时一年零四个月，直到1934 年 8 月回国。

在欧洲巡展离开苏联之前，徐悲鸿建议苏联美术家到中国举办展

---

① 徐悲鸿：《记巴黎中国美术展览会》，王震编《徐悲鸿文集》，上海画报出版社 2005 年版，第 59 页。
② 徐悲鸿：《记巴黎中国美术展览会》，王震编《徐悲鸿文集》，上海画报出版社 2005 年版，第 59 页。
③ 徐悲鸿：《在上海六团体宴会上的讲话》，王震编《徐悲鸿文集》，上海画报出版社 2005 年版，第 59 页。
④ 徐悲鸿：《在上海六团体宴会上的讲话》，王震编《徐悲鸿文集》，上海画报出版社 2005 年版，第 59 页。
⑤ 徐悲鸿：《在全欧宣传中国美术之经过》，王震编《徐悲鸿文集》，上海画报出版社 2005 年版，第 59 页。

览。在他的建议和协助下，1935 年，苏联版画展在南京和上海成功举办，徐悲为展览会撰写序言："艺术是一个民族生活的反映和民族思想的表征……世界各民族之间互相尊重和互相友好的感情应当从文化交流开始。"①

徐悲鸿把中国艺术推向世界，树立了一个让欧洲人了解中国的坐标，赢得了崇尚艺术的欧洲人的广泛尊敬。"伫立于中国美术之前，观者无不肃然而敬爱。其汉唐宋元明清诸代之杰作，固无论也，而近代美术之灿烂，尤足令人大惊异。"② 欧洲巡展，徐悲鸿带去的不只是东方绘画，还有中国人的民族自信心。

2. 星洲义筹

抗日战争期间，徐悲鸿目睹了国破家亡之悲惨与苦难，热血男儿的他决定前往南洋，用画家特有的方式支持抗战，用画展义赈的方式筹款，扶助难民，以艺术报效祖国。从 1939 年到 1941 年，徐悲鸿将自己的许多画作带到星洲，在新加坡、马来西亚、吉隆坡、怡保等地举办展览，筹赈义卖。并将义卖筹得的巨款，由星华筹赈会交中国银行寄往广西，作为第五路军抗日阵亡将士遗孤抚养之用（图一三）。

在徐悲鸿写给学生黄养辉的信中谈道："我自去年年底返马来亚，接连举行三次筹赈展之；二月在吉隆坡得叻币一万七千八百五十六元；怡保尚未算清，大概一万余；槟城之展在四月初，亦未算清，但可知者已及一万二千余，合国币三十三万余。前年一万余叻币，尚未算在内。三层皆全部报效祖国，吾个人旅费及运画之费皆自付……"③

---

① 廖静文：《徐悲鸿传》，中国青年出版社 2016 年版，第 158 页。

② 徐悲鸿：《记巴黎中国美术展览会》，王震编《徐悲鸿文集》，上海画报出版社 2005 年版，第 59 页。

③ 傅宁军：《悲鸿生命》，人民文学出版社 2006 年版，第 164 页。

图一三　徐悲鸿在南洋举办赈灾画展，身后是其画作《九方皋》

徐悲鸿把画展所得款项无私地捐给祖国，却不因此而沾沾自喜。他说："身居后方者，无论如何努力，总比不上前方将士兵器悬殊无间寒暑之苦战。出钱者，无论数量如何之大，必不能比得为民族而牺牲性命者之贡献。"①

在星洲，除了在各地举办抗日义筹赈灾画展，徐悲鸿时时关注国家时局，这一时期，无论诗作还是画作，其题跋基本都与战事有关。例如 1939 年七七事变纪念日，徐悲鸿挥毫书写《廿八年七七招魂两章》："一、恭奠香花沥酒陈，丕显万古国殇辰。显河耿耿凄清后，魂兮归来荡寇氛。二、想到双星聚会时，兆民数载泣流离。同仇把握之胡岁，预肃精灵陟降

---

① 徐悲鸿：《半年来之工作感想》，王震编《徐悲鸿文集》，上海画报出版社 2005 年版，第 106 页。

期。"① 他在画作《紫兰》上题："何处春风飐酒旗，宛同蛱蝶梦中飞。剧怜帝阙严恩宠，不许分香到紫薇。辛巳大暑，俄德鏖战死伤三百万之际，悲鸿居星洲餐此秀色，人尚有远甚于此者，噫嘻。"②

1942年1月，中国空军"神鹰队"袭击在汉口的日本机队，击毁日本飞机百架，使得中国在长沙大战大获全胜。消息传来，徐悲鸿欣喜若狂，兴奋不已，他立即展纸挥毫，画出一只神采飞扬的鹰，展翅飞翔，神武而威风。《神鹰》图是徐悲鸿在中国抗日战争时一幅极具代表性的作品（图一四）。画面题："日前我神鹰队袭汉口倭机，毁其百架，为长沙大胜余韵，兴奋无已，写此以寄豪情，悲鸿。"

图一四　纸本水墨《神鹰》，徐悲鸿绘

---

① 引自王震编《徐悲鸿文集》，上海画报出版社2005年版，第218页。
② 华天雪：《徐悲鸿的中国画改良》，上海书画出版社2007年版，第92页。

新加坡收藏家唐裕收藏了这幅《神鹰》图，1990年他又将此画捐赠给徐悲鸿纪念馆。在捐赠现场，唐裕先生说："由于此画具有重大的历史意义，也包含着中国深厚的国家民族意义，我不敢占为私有，所以决定献出来，捐赠中国徐悲鸿纪念馆，充实这间纪念馆的珍藏，也让广大人民可以观赏到这幅《神鹰》，重温中国抗战的一段历史，而且记住当年日本侵略中国的屈辱。"①

在新加坡的那段时间，徐悲鸿正值年富力强、富有激情之时。办画展之余，他笔耕不辍，创作了大量的寓意深刻、有关抗战题材的作品，包括底稿《愚公移山》《放下你的鞭子》《弘一法师像》《奔马》《神鹰》等许多珍贵的作品。

3. 印度讲学

1939年12月，应泰戈尔邀请，徐悲鸿从新加坡到印度国际大学讲学，并在印度各地举办画展，传播中国艺术，与泰戈尔、甘地结下了深厚的友谊，历时一年有余。此时中国正处于抗日战争最艰苦的阶段。作为文化使者，徐悲鸿借助各种社交场合和机会，振臂疾呼，进行爱国演讲，争取印度民众的了解和同情。宣扬大爱与和平的泰戈尔听到徐悲鸿讲述中国抗战的艰苦卓绝，深受感动，他以智者的思辨、诗人的语言撰文，谴责日本侵略者："它那穷兵黩武的咆哮，它那杀人如麻的残狠的纵情，它那对教育中心的摧毁，它那对人类文明道德条规的毫无血性的背道而驰。"② 泰戈尔还在印度国际大学发起募捐，捐助中国难民，鼓励中国人民为自由、为正义、为光明而战。

身处印度和平乡的徐悲鸿，一直牵挂着祖国，并把他的爱国之情倾注

---

① 　引自徐悲鸿纪念馆编《美的呼唤》，中国和平出版社1995年版，第30页。
② 　傅宁军：《悲鸿生命》，人民文学出版社2006年版，第154页。

于丹青之中。他在送印度友人的《奔马图》上题写："孑然一身，良朋渺远，故园灰烬，祖国苦战，时兴感慨耳。"他在给王少陵的信中写道："以工作论，印度最好，但国内催归殊急，弟拟由南洋再举行一两次方归国。中条山大歼灭战小鬼将死十万，最后胜利已极近，国外之人闻之均心慰也。"① 在大吉岭，徐悲鸿因为鄂北大胜而豪兴勃发，画《群马》一幅，并题曰："昔有狂人为诗云，一得从千虑，狂愚辄自夸。以为真不恶，古人莫之加。悲鸿时客喜马拉雅之大吉岭。鄂北大胜，豪兴勃发。"②

站在喜马拉雅山山麓的大吉岭，面对"国破山河在，城春草木深"的悲怆，为人生而艺术的徐悲鸿，把知识分子的家国担当投注于画作，创作出了《甘地》《泰戈尔像》《喜马拉雅山》《愚公移山》《群马》等优秀作品。

五 人中难得九方皋——为国识才的徐悲鸿

徐悲鸿说过，作为一名画家，画得再好，成就再大，只不过是他一个人的成就，如果把美术教育工作发展起来，培养出一大批画家，那就是国家的成就。因此，徐悲鸿为艺术教育事业付出了毕生的精力。

在艺术创作与从事美术教育的关系上，徐悲鸿认为，美术教育是他第一位的工作，创作活动则居第二位。他之所以把美术教育放在第一位，是因为他深知，美术事业的复兴是整个民族的事业，需要几代人的努力才能完成，不是一个人画几张画就能发扬光大的。所以，徐悲鸿在他58年艺术生涯里，有40年都是在为美术教育事业奔波。40年里，他爱才如命，竭尽

---

① 傅宁军：《悲鸿生命》，人民文学出版社 2006 年版，第 152 页。
② 贾平西：《前无古人——看悲鸿先生的三幅画》，徐悲鸿纪念馆编《美的呼唤》，中国和平出版社 1995 年版，第 363 页。

全力推崇有才之士，尤其在艺术教育事业上，他为国家培养了具有新风貌、符合新时代的中国美术人才。在整个 20 世纪的艺术家和艺术教育家中，徐悲鸿的伯乐精神是最突出的（图一五）。

"伯乐相马"的故事既有着对识才伯乐的赞美，也抒发了有识之士"怀才不遇"的感慨。九方皋也善于相马，与伯乐有着完全相同的文化寓意，被用来比喻善于发现人才的人。从 1927 年到 1931 年，徐悲鸿多次画过"伯乐相

图一五　徐悲鸿（1895～1953）

马""九方皋"这样的题才。如 1928 年应福建省教育厅黄孟圭之邀，前往福州作画，因为欣赏福建第一届美术展览会上陈子奋的篆刻作品而前往寻访，并赠《伯乐相马图》，表达他对篆刻家兼画家陈子奋的赞美之情。此外，他还发现了张书旂，并且聘请张书旂到中央大学任教。陈子奋与张书旂的成名，与徐悲鸿的提携有很大的关系。在这趟福州之行，徐悲鸿还到福建省教育厅争取，把学生吕斯百和王临乙派往法国留学。学成回国后，吕斯百成为著名油画家，在中央大学担任艺术系主任兼教授；王临乙成为著名雕塑家，先在国立艺专任教授，后在中央美术学院任教授兼雕塑系主任。

徐悲鸿作于 1931 年的名作《九方皋》，是其伯乐精神的重要体现。题曰："辛未初冬第七次写此作纪念廉南湖先生，感喟无极，悲鸿，时授徒中央大学居丹凤街。"此画寓意人才难求，识人不易，更借题讽刺当权者不识人才。画中九方皋气度豁达，神采奕奕。千里马虽然头戴缰绳，但扬起铁蹄，欢欣雀跃。徐悲鸿笔下的马都是不带缰绳、追求自由的野马、奔

马，唯有此画中这匹黑骏马心甘情愿地被缰绳所制。对此徐悲鸿解释说："马也如人，愿为知己者用，不愿为昏庸者制。"作者运用拟人的手法以马喻人，表明有贤才之人希望自己是一匹千里马，得到九方皋这种伯乐的发掘，找到适合自己的用武之地。

徐悲鸿是一位自觉肩负家国责任的艺术家，对他来说，复兴中国美术、振兴民族文化的第一要义就是学校和人才，所以，徐悲鸿的爱才是站在振兴中华美术的高度上，是他的爱国主义精神在艺术教育中的体现。

事实也是如此。从南国艺术学院发掘吴作人开始，徐悲鸿的一生都在竭尽所能地帮助画家，例如傅抱石、齐白石、范振华、李可染、滑田友、王青芳、蒋兆和、李苦禅、李斛、孙宗慰等，实现人尽其才、效力国家的人生理想。徐悲鸿先后培育的几代美术人才在中国绘画史上形成了一支实力庞大的队伍，成为荡涤沉沉数百年文人画坛的主力军，在我国美术教育事业中发挥了重要作用。

真正的艺术家是不会死的，他们的生命永驻在那些可以超越人生的心血之作。徐悲鸿的整个生命似乎是一次遥远的旅行，留下了一个探索者伟岸的身影。他给后人的启示是他的爱——对自然的爱，对人类的爱，那是一个大写的爱。山水美丽如昔，人生却成过往，徐悲鸿站在今人的视野里，他还是那么神采飘逸，魅力十足。能在世人中存有记忆，是一位画家应该引以为豪的荣耀，因为他永远活在人间。

（作者系徐悲鸿纪念馆副研究馆员）

红豆生南国

——劳动人民的红线女

黄　芳

在中国戏剧史上走来了一位岭南女子，她就是红线女。曾有人说，有太阳升起的地方就有华人，有华人的地方就有粤剧，有粤剧的地方就有红线女的声音。红线女所创立的红腔和红派表演艺术，代表着当代粤剧旦角艺术的最高成就，她是岭南文化瑰宝，也是中国戏曲艺术的代表，更是中华文化历史上一座不朽的丰碑。

一　我的生命属于艺术，我的艺术属于人民

1925 年 12 月 25 日，一夜冻雨。在广州西关，一位被家人称为"阿廉"的女婴出生了。

红线女本名邝健廉，她的父亲邝亦渔，祖籍广东开平。年轻时曾经漂洋过海到澳大利亚悉尼做洗衣工人，后来返乡娶妻，继承父业。邝亦渔在广州黄沙车站附近经营一间药铺，名为"邝广济"，同时还兼营药酒生意，生意颇为红火，产品远销东南亚、澳大利亚的墨尔本以及美国的旧金山等地。红线女曾回忆："那个时候广州西关没什么三层楼的房屋，但邝广济却有三楼，我还上去过呢。下面是药材铺，有医生常驻在此……每年过年

的时候，我爸爸总会在铺头那里大排宴席，足有七八席之多呢，给我的印象是生意很兴旺，人丁很兴旺，看来父亲是将它打理得很好的。"①

邝亦渔共有一大两小三位夫人，红线女的母亲谭银是第三位夫人。14岁的时候因为没有饭吃，被送给邝亦渔做妾侍。红线女兄弟姐妹共12人，其中男孩4个，她是家里最小的那个。殷实的家境，让幼时的红线女拥有无忧无虑的时光。聪明伶俐、活泼可爱的她深得家人的宠爱。在红线女的生命中，母亲谭银对她的影响极深。红线女的母亲一生坎坷，却保持着乐观善良的心境。她身为妾侍，在当时"有仔为妾，无仔为奴"的社会风气中，一连三胎都是女孩，其家中地位可想而知，实则与奴婢无二。日子虽然苦，可她从不抱怨，始终保持着刻苦耐劳的品格，体现出中国传统妇女美德。委屈时或闲暇时，她就哼几句童谣小曲，有时带着幼小的红线女跑去附近的太平、海珠、乐善等戏院看大戏。从母亲身上，红线女继承了坚强、勤劳的品格，遗传了嗓音天赋。而在陪伴中，耳濡目染了粤剧的美。才子佳人的吟唱、热闹响亮的锣鼓、油彩重施的脸谱，深深吸引着红线女，粤剧的种子在红线女的心底慢慢发了芽。

五六岁时，红线女入读广州六十四小学幼儿园，而后进入六十四小学读书。因为能唱能跳，擅于表演，她在幼儿园和学校很是活跃，得到了不少奖励。"我在老师和姐姐的熏陶下，从小就喜欢唱歌跳舞。学校好几次节日联欢会，我们都参加了……我有时也来个单人舞……有时和同学一起跳个《孩子与小麻雀》或唱个《五更天》之类的童歌。"② 留学海外的二哥带回来一台留声机，红线女就跟着留声机，偷偷学会了白驹荣、骚韵兰的《金生挑盒》，薛觉先、唐雪卿的《月帕娥眉》，张月儿的《一代艺人》

① 谢彬筹、谢友良主编：《红线女从艺七十年访谈录》，广州出版社2009年版，第2页。
② 红线女（邝健廉）：《红线女自传：1927－1956》，香港星辰出版社1986年版，第3页。

等粤曲。"唱片有的是粤曲，也有京戏和唱国语的《渔光曲》等歌。我最感兴趣的是听到像看大戏时所听到的那种粤曲，当没有大人在场的时候，我总是静静把唱机开了，手里拿着唱曲本，嘴里跟着唱片发出的声音就唱起来了。我就是这样不断学唱，有时也唱得自己也快乐地手舞足蹈。"① 家里来客人时，红线女经常被父亲叫出来演唱一曲，出色的表演引来客人的夸赞。高兴的父亲轻轻拍着红线女的头说："真是一个马骝仔！"红线女把父亲奖励的二毫银币交到母亲手中，享受着母亲的笑容。

说到红线女与粤剧，不能不提到她的家族。红线女出身于一个粤剧大师辈出的家族。伯公新华（邝殿卿）是出名的武生，因其技艺高、人品好，被尊为粤剧领袖。邝殿卿为粤剧的复兴竭尽心力，他在广州黄沙建立新的梨园会馆，名为"八和会馆"。外公声架南是有名的武生，驰名东南亚。外叔祖父姓谭，名叶田，清末民初粤剧名演员，艺名公爷创，武生行当。舅父靓少佳更是小武行当代表性的人物。在港澳、美国和东南亚享有盛名。舅母何芙莲是著名花旦。

20 世纪二三十年代的中国，在新文化运动和五四运动的冲击下，发生了一场社会变革，民主和科学的思潮席卷而来。艺术家的成长与其生长环境、文化背景以及自我意识有着密切联系。红线女生长在浓缩岭南传统文化的广州西关，受到家族粤剧氛围的熏陶，感受着中外文化的交流碰撞，这些对她的思想意识产生了重要的影响，她对艺术的感觉、对民族文化的感情，也在润物无声中产生。

1937 年七七事变以后，抗日战争全面爆发。广东毗邻不受日军封锁的香港，以其特殊的地理位置，成为中国接受国外援华物资的重要国际运输线。正因如此，日军对广东的轰炸集中在铁路交通沿线和作为中国贸易中

---

① 红线女（邝健廉）：《红线女自传：1927－1956》，香港星辰出版社 1986 年版，第 5 页。

心的广州市区，目的是破坏中国的国际运输线。日军连续轰炸未设防的广州市区，市内无数民房、工厂、店铺、机关、学校被炸，连外国领事馆、教堂、教会学校都未能幸免，而邝家在广州的老宅子、药材铺都被炸毁，夷为平地。

生活没有了着落，红线女跟随父母回到家乡开平。1938 年春末，举家从开平逃难到澳门。"当时从广州等地逃难到澳门的人很多，我家住的条件很不好，原来作为卖药酒用的铺面，也作为房间住上人了。"① "逃难到澳门，一开始还有一些生意的，后来就没有了。当时生活很艰难，兄弟姐妹们都各奔东西，跑去云南啊什么地方去了，因为我最小，所以就跟着父母。父亲那个时候也没有生意了。开始的时候我还能读一点书，我妈妈还有一些储蓄，能让我去读'卜卜斋'（私塾），一个月三块钱吧，读了大概两年多吧，就没读了，饭都没得吃了。当时我还觉得很奇怪，为什么这么晚了还没有饭吃呢？后来看见母亲拿着一个纸包米袋，里面就从这么一点米，拿回来煮着……我们的生活都已经是这样了。"②

在红线女的记忆里，父母一声声叹息，长辈无缘无故发脾气，生活是如此的苦闷和压抑。她和母亲住在药材铺的阁楼上，黑黑暗暗的，白天都要点着一盏灯。摇摇晃晃的登楼竹梯是那么的危险。十来岁的红线女为了生活，为了帮补家用，不得不担起生活的担子。她打过炮仗眼，锤过瓜子仁，干过撕棉纱的营生。有时连这些活都找不到，红线女就跟姨甥们早早起床，一起挑淡水卖钱。"找那些还有泉流的淡水井，用绳子系在腰上，攀到井底，半瓢半瓢地淘进小铁桶，再一小桶一小桶地吊到井上来，大家把淡水抬回家，卖给别人……一桶淡水可卖十个铜圆。"③

---

① 红线女（邝健廉）：《红线女自传：1927－1956》，香港星辰出版社 1986 年版，第 12 页。
② 谢彬筹、谢友良主编：《红线女从艺七十年访谈录》，广州出版社 2009 年版，第 3 页。
③ 红线女艺术中心、马鼎昌：《马师曾与红线女》，花城出版社 2020 年版，第 185 页。

红线女的童年，国难当头。从西关小姐到逃亡难民，家族的兴衰沉浮、颠沛流离的生活，让她尝尽了人情冷暖。对侵略者的痛恨，对和平幸福生活的渴望，时时萦绕在红线女的心中。此时此刻的她还不懂得怎样才是爱国，但"有国才有家"的家国情怀，在红线女的心中打下了深深的烙印。

艰难的日子一天天过着。一日，红线女听到父亲跟母亲在争执。"听到父亲和母亲说悄悄话，父亲的声音越来越大，并且像是很生气似地说：'成戏不成人，情愿揽着一起饿死，也不能让阿廉去学戏。'"[1] 原来是母亲看到舅舅靓少佳刚好在澳门演出，动了心思，想让红线女跟舅舅学唱戏，却遭到父亲的极力反对。在母亲的劝说下，父亲勉强答应让红线女到乡下去，送族姐出嫁，通晓一些人情世故，再做打算。在乡下，红线女和九姐住进了"女仔屋"，晚上，大家在一起"开叹情"（俗称哭嫁）。

五六天后，红线女回到澳门，母亲立即带着她去见舅舅靓少佳。"母亲终于带着颤抖的声音对我说：无书读，又要愁两餐，你就去跟舅父学戏，不至在家'生蛤驮死蛤'。你要学戏，要醒定做人，为老母争一口气，不要让人耻笑'成戏不成人'！"[2] 由于舅舅觉得女孩跟着他不方便，最后红线女拜舅母何芙莲为师，开始学艺。

每日里，红线女跟随众师兄练习基本功。当舅父教舅母排戏时，红线女在一旁默默体味，细心观摩。有时，舅父拿一些传统的曲本让红线女抄录，她边抄边念。1939 年春节，红线女以"小燕红"的艺名，搭班"胜寿年"，在澳门的清平戏院首次登台演出。没有"行头"，母亲借钱置办了两套梅香衫裤，师父莲姐给了一个单髻头笠和几条片子，还有几粒零星头

---

① 红线女（邝健廉）：《红线女自传：1927 – 1956》，香港星辰出版社 1986 年版，第 14 ~ 15 页。

② 红线女（邝健廉）：《红线女自传：1927 – 1956》，香港星辰出版社 1986 年版，第 18 页。

饰碎花之类。红线女首次登台演出《六国大封相》，先饰演提宫灯的小宫女，而后饰演舞竹马的宫女。虽然有些生涩，还战战兢兢，但好在熟记于心，没出岔子。此后，红线女跟随胜寿年戏班，有时可以担负配角，有时在"天光戏"中演一演主角。

胜寿年班是个省港大班，当时，粤剧主要分为"省港大班"与"过山班"（或称"落乡班"）两大派系。省港大班在演员的阵容、艺术质量、体制模式等方面，都能代表粤剧当时的最高水平。红线女进了这样的剧团，已属机会难得。

在胜寿年班一年左右的时间里，尽管红线女未得到系统的指导，但求知的欲望促使她坚持练功、演出，观摩他人表演，主动把握学习机会，把每一个人都当作老师，向每一个人学习，从而慢慢汲取舞台经验。红线女曾回忆道，"我的师父一生没有教过我一句"[1]。正因如此，红线女最大限度地挖掘自己的艺术潜能，拼命激发自己的内在潜质。记台词、记动作、记音乐、记调度，这些她全都塞进脑子里，装在心里。儿时的学习经历，让红线女具备了优秀的自学能力。须知在当时中国，能读书识字的人少见，更不要说是在戏班里，还是一个女子。尽管她那时并不懂得为何而学，却已经开始了自我学习的阶段。勤奋和悟性让她的表演艺术得到了提升。

1940 年，红线女遇到了对其艺术成长和成名产生重要影响的前辈——靓少凤，红线女尊称他为"三哥"。这一年夏天，红线女随舅母何芙莲到靓少凤的金星剧团，搭班去广州湾（今湛江市）演出，演出的剧目是《西厢记》《燕归人未归》等靓少凤擅长的小生戏。靓少凤原名罗叔明，著名粤剧演员，初学花旦，取艺名"筱湘凤"。之后因为失声，嗓音不宜演花

---

① 安志强：《徜徉在红腔乐海中》，中国文联出版社 2005 年版，第 10 页。

旦，便改行演小生，易艺名靓少凤。靓少凤因善唱"中板"，被人誉为
"中板王"。由于嗓音问题，他特别注重用气发声和行腔吐字。勤奋好学的
红线女，得到了靓少凤的悉心教导。"红线女"这个艺名是靓少凤给起的，
取自传统戏中"红线盗盒"的故事，他希望"小燕红"能像侠女一样，有
胆有识，自有风骨。

20 世纪 30 年代末，红线女开始在粤剧舞台扮演有名有姓的角色。此
时的粤剧，已经从全男班主宰舞台到出现全女班，再到男女合班。1942 年
4 月，何芙莲带着红线女到广州湾，参加马师曾的太平剧团，红线女任第
三花旦。而后又跟随马师曾赴广西等地演出。太平剧团是当时数一数二的
省港大班，有集编、导、演于一身的"万能泰斗"马师曾等大佬倌，阵容
鼎盛，这为红线女提供了广阔的舞台空间和实践机会。此后，红线女先后
加入由马师曾改组的抗战剧团、胜利剧团，她在艺术上进步非常快。

1943 年 7 月，在肇庆的一次演出中，红线女突然收到通知，要她马上
化妆，登台主演《软皮蛇招郡马》中的女主角李亚仙。原来是扮演李亚仙
的正印花旦蓝茵生病，马师曾让红线女救场。忐忑不安的红线女硬着头皮
登台，谁知大获成功，这是红线女首次担纲正印花旦。当晚演出效果很
好，观众说今晚这个花旦很不错，有声有样，表演也很逼真，可惜就是叫
不出她的名字。第二天，剧团贴出的"海报"正式标出"青春艳旦红线
女"的大名，自此以后，红线女成为马师曾剧团"挑大梁"的正印花旦，
那一年她 18 岁。

在不断的演出实践中，红线女从学艺初期的简单模仿，逐步进入有创
造性的表演。岭南文化潜移默化的影响，良好的家庭出身和教育背景，一
众名家的言传身教以及省港大班的耳闻目染，给初入梨园的她多方面的影
响。红线女逐步摸索，在遵循粤剧传统唱腔的同时，也让观众耳目一新。
她初步领会到演戏既要投入又要跳出、表演中既要有我又要忘我、把内心

情感化作外形节奏等戏曲表演的艺术法则，也为日后"红腔"的创立积累了丰厚的基础。

抗日战争期间，红线女随着马师曾剧团，辗转于抗战后方的广西玉林、容县、柳州、桂林、梧州和广东肇庆、郁南、德庆等地演出。在勉强能解决吃饭问题的前提下，除了演出《野花香》《刁蛮公主戆驸马》《佳偶兵戎》《藕断丝连》《软皮蛇招郡马》等保留剧目外，剧团仍不忘经常作抗战筹款义演和劳军活动。1944年，剧团重回桂林，正值日本侵略军攻打湘、桂，剧团随即投入"保卫大桂林"的救亡宣传中，参加义演、献金等活动。桂林被日本侵略军占领，剧团戏箱损失过半，辗转退入平乐、贺县等山区，艰苦坚持，演出表现不畏艰危、坚持抗敌的剧目。马师曾和红线女的爱国情怀以及民族气节，由此可见一斑。在跟随戏班来往香港、澳门和两广各地演出的颠沛流离的日子里，红线女接触了劳苦大众，提高了演技，感受到苦难人生，她逐步确立了自己积极的人生观和进取的艺术观。

随着搭档演出日渐增多，台上台下朝夕相对，马师曾与红线女自自然然地走到一起。"马师曾和红线女就是这样在抗日战争的烽火之中，患难与共的日子里，通过相互敬爱的师徒情谊之路，情不自禁地堕入爱河。"[①]1944年，大女儿马淑明（又名马棣良，艺名红虹）在广西八步出生。

抗日战争胜利以后，马师曾、红线女率团回到广州。自举家逃离家园开始，出生在广州的红线女就一直盼望着能回来安居乐业，却因演出《野花香》得罪权贵，剧团被禁演。万般无奈之下，红线女与马师曾移居香港。

在香港生活期间，红线女的艺术生命达到新的高度，迎来了她艺术人

---

① 红线女艺术中心、马鼎昌：《马师曾与红线女》，花城出版社2020年版，第98页。

生第一个黄金年代。她不仅参加粤剧演出，还跨界灌唱片和拍电影，由此开始了剧影双栖的艺术生涯（图一）。

图一　20世纪50年代初，红线女香港生活照

从1947年到1955年，红线女粤剧舞台艺术日趋成熟。1951年春节回广州演出时，发生了一件对红线女的艺术发展道路举足轻重的事。粤剧老前辈黄超武看了她主演的《天女散花》后，对她说："阿女，你的声线这么好听，应该唱出自己的特点来啊！多用心思，多下功夫吧！"前辈的认可和嘱咐，让红线女开始思索如何突破，自成一家。而后，红线女参加宝丰剧团，演的第一个戏是新编剧目《一代天娇》。宝丰剧团给予她宽松自由的创作环境。在演出之前许多天，就把完整的剧本交到演员手上，使他们有时间了解剧情、揣摩人物。红线女回忆道："过去在太平剧团从来没有唱过主题曲，演出《一代天娇》时唱主题曲对我来说是一种新的尝试，我心里既紧张又高兴。"为演绎人物复杂的情感，红线女将传统旦角的行腔进行了大胆的艺术处理和改进。她与剧团的乐师合作，从人物情感出发，逐句逐段去雕琢曲子。演出反响强烈，《一代天娇》一曲不久便流行于港澳和东南亚，观众开始称她的唱腔为"女腔"，风靡海内外数十年的"红腔"即始创于此（图二）。

在当时受殖民统治、以逐利为导向的香港，投资人对于演出的戏是否有质量并不在意，往往早上拿到粤剧剧本，晚上就要演出。演员没有时间去揣摩角色，更不会去斟酌艺术质量与思想内涵，记得住就记，记不住就

图二　1951 年，《一代天娇》造型照

"爆肚"①。红线女意识到，粤剧表演绝不应该是粗制滥造，她的作品要对自己负责，更应该对大众负责，"把戏演好"是她内心最质朴的愿望。

1953 年，红线女自组"真善美粤剧团"，其意激发大众对"真善美"的追求。在马师曾、薛觉先等粤剧大师的支持以及中联电影公司友人的帮助下，红线女引入电影导演、排练和舞美、灯光制作机制，排演了《蝴蝶夫人》《清宫恨史》《昭君出塞》等艺术质量极高的粤剧作品。为了排好《蝴蝶夫人》一剧，红线女甚至不惜重金，自费到日本体验生活，时间长达一个多月。她还在演出中融入电影的表现手法（图三）。正是由于这些"不合时宜"的举措，红线女的艺术得到了进一步发展和丰富，直至《昭君出塞》的排演，"女腔"飞跃上了新的台阶，唱腔艺术逐步走向成熟。

虽然在粤剧艺术上取得了成功，但剧团繁重的事务工作都需要红线女亲力亲为，她还要用拍摄电影的报酬来维持剧团的运营。如此这般，身体无法支撑，故红线女逐渐将工作重心转到电影方面。电影对红线女最大的收获，不在于名利，而是艺术，电影让她可以不断重看自己的表演，以取得最好的效果呈现。不过心底里，红线女从未离开过粤剧。

---

① "爆肚"，指演员即兴讲的台词。

人们熟知红线女是粤剧艺术大师，但对于她电影艺术的成就知之甚少。1998 年，香港临时市政局隆重举办了《银海艳影——红线女从影五十周年纪念展》，西湾河文娱中心剧院和上环文娱中心放映了红线女的部分电影代表作。2004 年，香港特区政府旅游发展局专程派人前来广州，征集红线女手印。而今，在香港尖沙咀的星光大道上，可以看到红线女的手掌印，这是对她短暂而又辉煌的电影生涯的肯定与褒扬。

作为名震香江的粤剧花旦，1947 年，红线女投身水银灯后，短短八年，参与拍摄了近百部电影，成为当时香港炙手可热的电影明星之一。她主演的电影，有不少是香港电影史上有着划时代意义的佳作，如《玉梨魂》

图三　粤剧《蝴蝶夫人》剧照，红线女饰演蝴蝶

《秋》《审死官》《家家户户》《人道》《胭脂虎》《原野》《慈母泪》《我是一个女人》等影片。她主演的电影《慈母泪》1953 年公映，成为当年的粤语片票房冠军，红线女更凭借戏中的出色演技，一举夺得最佳女主角奖。

1952 年，中联电影企业有限公司宣告成立，旨在拍摄高素质的粤语电影。其作品大都是集体制作，即一个由所有股东组成的制作委员会。中联董事会 19 位成员全部都是股东，他们是制片人刘芳、陈文、朱紫贵，编导李晨风、李铁、吴回、秦剑、王铿、珠玑，演员吴楚帆、白燕、张瑛、张活游、李清、紫罗莲、小燕飞、黄蔓梨、梅绮、容小意，马师曾和红线女也随后加入，总共 21 人。中联电影公司的标识上有 21 颗星星，正是代表这 21 位股东①。红线女曾说，当年她接拍一部商业电影，片酬高达数万元，足够买下一层楼，而耗时极短，有时甚至几部片子同时开拍。吸引红线女加入中联，宁愿只拿商业片酬的三分之一也要参与其中的，正是中联那份对艺术认真执着的追求和强烈的社会责任感。

这一年，红线女还与中联电影公司的同人演出了曹禺的话剧《雷雨》，她饰演鲁四凤。这是红线女第一次也是唯一一次演出话剧。

1955 年 4 月 15 日，红线女与长城电影制片有限公司签约，该公司原名长城影业，由香港左翼阵营经营。1950 年，公司改名为长城电影制片有限公司，主要拍现实主义华语电影。不仅内容"最低限度要求是健康的为社会大众所需要的"，而且形式也"要求有浓厚的戏剧性，有高度的表现手法"②。

《我是一个女人》是红线女在长城电影制片有限公司拍摄的第一部电影，也是她唯一的一部国语电影。长城公司与内地电影界有着密切的联系，不少工作者都在上海从事过电影工作。红线女听他们讲述内地的情

---

① 中国电影图史编辑委员会编：《中国电影图史 1905－2005》，中国传媒大学出版社 2007 年版，第 26 页。
② 袁仰安：《谈电影的制作》，《长城画报》1950 年第 1 期，第 2～3 页。

况，在阅览室里翻看着《人民画报》。透过这个窗口，她发现内地很重视文艺工作，新中国有着翻天覆地的变化，这一切对她的触动很大。

红线女由粤剧舞台延伸至电影屏幕，二者彼此滋养，她让程式化的表演融入了真实与生活，更具鲜活生命力。她的成功得益于 20 世纪 50 年代粤语电影的黄金时代，得益于极具社会责任感的同人共同合作，得益于她精益求精、永不满足的艺术追求。这一切不仅为红线女带来了丰裕的物质回报和社会知名度，同时激发了她对艺术的更高追求。她邀请老师教授中国古典文学、英文、普通话和京剧。特别是京剧的王福卿老师，以戏代练基本功，系统地指导红线女。除此之外，红线女还跟随老师学习声乐，久而久之，她开始在粤剧演出中运用专业的演唱技巧。这为她以后形成自己的唱腔风格，打下了坚实的基础。

中华人民共和国成立后，红线女与她参加的剧团多次从香港到广州、珠三角进行商演。1950 年 9 月，以马师曾为首组成的红星剧团回广州演出，主要演员有马师曾、红线女、文觉非等。这是新中国成立后，马师曾、红线女第一次回广州演出。同年 10 月，在华南文联的帮助下，该团编演了现代戏《珠江泪》。反映华南解放前夕广东农民反官僚、反地主恶霸和反内战的事情。12 月，为支持抗美援朝，马师曾、红线女专程从香港赴穗，捐款 500 万元，并亲送南方日报社①。

1951 年 1 月，马师曾、红线女在广州参加"抗美援朝大集会义演"，回香港后，他们被斥责受到"赤化"，继而被港英当局传讯乃至追查。即使面对香港八和会馆部分人的污蔑和威胁，遭受退会、演出受阻等困难，他们也不改变初衷。红线女对国家前途、民族命运的关切，这份浓厚的家国情怀，深深地植根于她的内心。

---

① 红线女艺术中心编著，毛小雨执笔：《红线女年谱》，学苑出版社 2019 年版，第 15 页。

　　马师曾对红线女影响深远，他敏锐的社会触觉、坚定不移的爱国精神以及革新精神，潜移默化地影响着红线女。郭汉城先生曾说："红线女的革新精神在一定程度上是受到了马师曾的影响。她与马师曾合作时间较长，红线女的代表剧目《刁蛮公主戆驸马》《搜书院》《关汉卿》等亦是马师曾的代表剧目，红线女与马师曾分别饰演男女主角，达到了珠联璧合的程度。"① 1948 年 2 月，红线女和马师曾的长子马鼎昌在香港出生。1949年 3 月，红线女和马师曾的次子马鼎盛在香港出生。然而，艺术上的珠联璧合却未能让红线女和马师曾相伴一生。

　　1955 年 3 月，红线女与马师曾在香港中环关祖尧律师事务所协议离婚。此时，功成名就的红线女，苦苦追寻着艺术的提升和发展。她迷茫，她苦恼，她感觉自己无法实现艺术理想，因此红线女萌发了回内地看看的想法。她找到了《大公报》社长费彝民，请他帮忙安排回内地观光，希望到北京去看看。同时提出，只是先回去看看是否有让她好好工作的环境，否则她还是要回香港的。费彝民完全答应了她的要求，不久便替她联系、安排好，让她在中华人民共和国成立六周年的日子，参加国庆观礼活动。9 月 23 日，红线女和马师曾同行，经澳门到广州，然后赴北京。一路上，红线女亲身感受到了祖国的变化，激动之情溢于言表。

　　到达北京后，周恩来总理在北京饭店宴请国庆观礼代表。这也是红线女第一次见到这位人民的好总理。周恩来总理亲切地与她交谈，还建议她到处看看。10 月 1 日，红线女登上天安门城楼。军乐团奏起国歌，礼炮齐鸣。当毛泽东、刘少奇、周恩来、朱德等党和国家领导人来到天安门检阅台时，暴风雨般的掌声和一阵阵的欢呼声经久不息。踏着雄浑有力步伐的人民解放军队伍，盛大的群众游行队伍，无不彰显着中国人民坚强的革命

---

① 郭汉城：《红线女、红派、红腔》，《论红线女舞台艺术》，奥林匹克出版社 1997 年版，第 44 页。

意志和勇往直前的精神。红线女激动得热泪盈眶："我是中国人！"强烈的归属感和自豪感在她心中萦绕不去。在观礼活动中，她认识了梅兰芳、田汉等艺术家、文学家，还与越剧演员袁雪芬，舞蹈家戴爱莲等人交谈艺术问题。许多文艺界的前辈都希望红线女能够回内地工作。

观礼结束后，红线女依照周恩来总理的嘱托，到祖国各地走走看看。她目睹了祖国日新月异的变化，了解了国营剧团完整的行政、艺术管理体制，以及宽松的创作环境。通过所见所闻所亲历，她认定了，只有祖国这片广阔的天地才能成为自己艺术追求的不竭源泉，才能让自己有足够的发展空间。赶回香港履行已经签过的拍片合约后，1955 年 12 月 14 日，红线女毅然放弃在香港的优厚生活，扶老携幼回到广州，投身祖国的文化建设。

1955 年，带着对粤剧艺术追求之心回到祖国怀抱的红线女，尽管已因"红腔"而红遍香江，却仍以普通演员的身份加入了广东粤剧团。通过学习和工作，她逐渐领悟到粤剧艺术不仅仅要对自己负责、对人民大众负责，更应该扎根在人民大众，它来自于人民，也应回归到人民。为人民大众创作成为红线女艺术观中最核心的部分，并充分体现在她的创作实践中。就这样，红线女迈进了她艺术人生的第二个黄金时代。

1956 年，广东粤剧团于 3 月中旬开排赴京演出剧目《搜书院》。该剧移植于海南的琼剧。此次马师曾、红线女排练的《搜书院》，由马师曾、杨子静和莫汝城改编，对广东粤剧团原演出本做了较大的修改。马师曾饰演谢宝，红线女饰演翠莲。她在剧中成功塑造了这位"拼将弱质斗西风"，敢于反抗命运、追求幸福的女性形象。

1956 年 5 月初，广东粤剧团在北京演出了《搜书院》《昭君出塞》（折子戏）等，周恩来总理亲自购票观看演出，并接见了演员。5 月 17 日，红线女参加由文化部和中国戏剧家协会召开的昆曲《十五贯》座谈会。周恩来总理在发言中谈道，《十五贯》和《搜书院》在政协礼堂演出很受欢迎，剧场加座了，真是公道在人心。昆曲是江南兰花，粤剧是南国红豆，都应受到重视。从此，"南国红豆"就成了粤剧的代名词。首都专家的一致肯定，观众的普遍欢迎，确立了《搜书院》的艺术价值，被誉为"粤剧改革的里程碑"，改变了粤剧作为地方剧种在全国戏曲剧种的地位。北京演出后，同年6月，剧团到上海演出《搜书院》《昭君出塞》等剧目。演出结束后，由上海电影制片厂拍摄《搜书院》戏曲艺术片。

图四　粤剧《搜书院》，红线女饰演翠莲

　　在决定回内地之时，红线女曾希望工作能侧重在电影方面。广东省省长陶铸说，粤剧需要你，你还是要干粤剧。至于电影工作，让你每年拍一部片是可以的。《搜书院》戏曲艺术片是红线女回内地后拍的第一部电影，也是第一部彩色的粤剧电影。后期在香港公映时，创下当年的票房纪录，也成了红线女电影的经典之作（图四）。

1957 年 7 月，红线女随中国青年艺术团赴莫斯科，参加第六届世界青年与学生和平友谊联欢节，中国代表团团长是胡耀邦。在联欢节期间，红线女以《昭君出塞》《卖荔枝》两首曲目参加了东方古典歌曲比赛，并荣获比赛金质奖章。

《昭君出塞》用低回、抑郁的行腔，如泣如诉地抒发王昭君去国怀乡，纵有重重悲愤，却受到种种压抑的感情，描画出眼前漫漫黄沙、身后遥遥故国，王昭君带着悠悠愁绪，踏向寂寂荒途的情景（图五）。《卖荔枝》则借鉴花腔女高音的唱法，表现一个叫卖荔枝的小姑娘。音色丰富、清脆，声音灵活、婉转而富有弹性，行腔吐字如缕贯珠，字字晶莹圆润，迂回转折之间一气连成。两曲风格迥异，反映了"红腔"随着所塑造的人物的不同而有不同的风貌、不同的歌音，显示了红线女丰富而多变的歌唱音色，体现了她的深厚功力①。

备赛期间还有一段小插曲，周恩来总理来审查节目，看到红线女穿旗袍，就和担任评委的程砚秋先生讲，是否让红线女穿戏装更合适？后来，程砚秋先生转达了周总理的意见。红线女认真思考后，觉得穿戏装再唱《卖荔枝》很别扭，似乎还是穿旗袍更合适。红线女还认为，旗袍是中国妇女的礼服，拿到世界上很有特点。程砚秋先生把这一想法汇报给总理，周恩来总理听了点点头，于是红线女就依然穿旗袍演出②。这是一位女性对美的思索和解读。

红线女很爱美，哪怕已至耄耋之年，满头银发，她都要求自己要给予大众美的享受。她穿着打扮从不讲究名牌，衣服基本上都是自己买布定做，简单大方就是美。她热爱生活，喜欢摄影、养鱼，喜欢荷花……她不

---

① 红线女艺术中心编著，毛小雨执笔：《红线女年谱》，学苑出版社 2019 年版，第 87 页。
② 徐城北：《红线女速写》，奥林匹克出版社 1996 年版，第 77 页。

图五　1957 年《昭君出塞》造型照

喜欢别人说她是老人家，她喜欢大家称她为红老师。她还常常说："我是 18 岁的红线女!"

1958 年 11 月 1 日，根据田汉同名话剧改编的粤剧《关汉卿》，在广东粤剧院成立时正式公演。马师曾饰关汉卿，红线女饰朱帘秀。该剧是红线女、马师曾合作的巅峰之作，堪称完美。1960 年，海燕、珠江电影制片厂联合拍摄《关汉卿》戏曲艺术片，导演徐韬（图六）。

这出戏是以关汉卿为主角的，朱帘秀的戏虽说不轻，人物丰满、真实，但属于配角。怎样才能不夺戏而又演得精彩，红线女反反复复琢磨剧本。朱帘秀是一位身落风尘的行院歌妓，看过太多的人世沧桑，于关汉卿是敬，于世俗不平是淡，于情绪波澜则是隐。红线女咀嚼着每一个细节，

图六　《关汉卿》剧照，马师曾饰关汉卿，红线女饰朱帘秀

把每一句台词后面的内涵以及人物的性格、阅历展现在观众面前。朱帘秀与红线女有相通之处，可以说红线女在某种程度上也是在演绎自我。红线女幼时从艺，从西关小姐到艺人，也曾因为受人轻贱，被人点名陪酒应酬，幸得马师曾庇佑才得以脱身。而后成名于香港，功成名就，人生跌宕起伏。正因如此，她更加感激祖国给予她的重视和尊重。田汉曾经担心，粤剧唱腔悱恻绵长，恐在表现人物性格刚劲豪放有所不足。然以《蝶双飞》唱段为例，该曲全部根据田汉的原词进行创作①。在创作中，不局限于粤剧板腔，不以词就曲，而是重新创作，成为粤剧舞台艺术珍品。

　　"红腔"之初，娇嫩甜脆，音高而尖亮，却失圆润，红线女一直在琢磨如何突破。如果说在香港的创作条件还不是那么理想，回到广州后，良好的艺术氛围和学习条件，为其学习增添了双翼。红线女向昆曲大师俞振

---

① 在创作过程中，对田汉诗词的末句"待到来年遍地杜鹃红"的"红"字，因广州方言阳平字发音低，故改为阴平发音"花"字。后来田汉也将诗中的"红"字改为"花"字。1982年4月人民日报社出版的《田汉诗选》中，已改成"待到来年遍地杜鹃花"。

飞、朱传铭求教；赴莫斯科参加联欢节的路途中，请程砚秋传授京剧；跟于连泉学习身段台步。听说民间有位盲眼老人曲艺精湛，她就虚心求教，收获多多。她还曾跟王昆、周小燕等老师学习民族、西洋唱法。1960 年，红线女赴北京参加"戏曲表演艺术研究班"，该班为期三个月，梅兰芳任班主任，整整三个月的教学、研究、观摩，是中国戏曲历史上前所未有的盛事。红线女得到众多前辈大师的指点，与众多同行观摩、交流，收获颇丰。

红线女纵向继承粤剧传统，横向吸收兄弟剧种和其他艺术形式的艺术营养。"感人心者莫先乎情"，红线女深知"情"要发于"意"，"意"则要凭借自身积累，感悟生活，叩问角色灵魂，与她同喜、同悲、同愤。"诗言其志也，歌咏其声也，舞动其容也。"《蝶双飞》采用诗、歌、舞三者结合的艺术手段，以气息带动声音，柔与力相结合，如杜鹃滴血，荡气回肠，既充分展现了"红腔"的艺术魅力，又有别于昔日的"红腔"，被称为"田词红腔，一曲难忘"。红线女在艺术上跃进了一个新的高度。

1958 年 11 月 28 日至 12 月 10 日，中国共产党第八届中央委员会第六次全体会议在湖北武昌举行。马师曾、红线女率领广东粤剧院一团专程到武昌，献演《关汉卿》。毛泽东、刘少奇、周恩来、朱德等国家领导人出席观看。12 月 1 日晚上演出结束后，红线女再次向毛主席请求，为她题写座右铭。此话源自毛主席在广州观看红线女主演的《昭君出塞》，他称赞红线女返回大陆是正确的选择。当时红线女向毛主席说，她刚回来，不知道该怎样做好工作，请主席写几个字作为座右铭。毛主席答应了，还教导她要做一个劳动人民的演员，多下去闻闻泥土气息，一辈子为人民服务。此次红线女在武昌见到毛主席，重提求字往事。当夜，在住处东湖宾馆，毛主席欣然挥笔，给红线女书赠鲁迅《自嘲》诗两句："横眉冷对千夫指，俯首甘为孺子牛。"他在诗前写了一段类似小引的文字，其中提道："而红线女则活着，再活着，更活着，变成了劳动人民的红线女。一九五八年，在武昌，红线女同志对我说：写几个字给我，我希望。我说：好吧。因写如右。毛泽东　一九五八年十二月一日。"①

从此，一个信念在红线女的心中渐渐清晰起来："艺术要为广大的人民群众服务，做劳动人民的红线女。"这就是红线女的人生坐标，她是这样说的，也是这样做的，她创作了一大批反映劳动人民真实生活、反映社会发展面貌的新作品，彻彻底底地变成了劳动人民的红线女。

1959 年 7 月，红线女经历了人生又一个重要时刻，她加入了中国共产党，成为一名预备党员。1960 年 7 月 9 日转为正式党员。1959 年和 1961 年，红线女随中国广东粤剧团到朝鲜、越南，进行友好访问演出，分别受到金日成和胡志明的接见和赞扬。

1964 年，戏曲现代戏的创作迎来一个高潮。为了参加 1965 年中南区戏剧观摩演出大会，广东粤剧院开始筹备排演现代戏《山乡风云》，并就如何把戏曲艺术与现代生活融合为一的问题寻求突破。为改编好这个戏，小说原作者吴有恒与粤剧编剧杨子静、莫汝成集中在从化温泉，与导演、音乐、主演等主创人员研讨商议，边排边改。吴有恒同志曾担任过部队司令员，因为他有部队战斗、生活的经历，所以改编出来的戏让观众感到真实可信，人物形象避免了类似题材把革命军人塑造成"高大全"等过于符号化、脸谱化的通病，而与杨子静、莫汝成两位精通粤乐、曲牌、国学的编剧家强强联手，相得益彰，融会贯通，奠定了这个戏成功的基础。

对于出生西关，在香港、澳门度过大部分时光的红线女来说，她已经出演过《红花岗》《刘胡兰》等现代戏，但效果不甚理想。红线女思索了

---

① 毛泽东：《建国以来毛泽东文稿》第 7 册（1958 年 1 月至 1958 年 12 月），中央文献出版社 1992 年版，第 618 页。

很久，由于缺乏生活体验，以往塑造革命战士存在硬伤，戏曲与现代生活怎样融合，确实是一个有难度的课题。为了拉近与游击队女连长刘琴的距离，红线女跟伙伴们先到原作者的故乡恩平县（今恩平市）一个生产队，听当地老人诉说当年恶霸地主对他们的欺压凌辱。然后又一起来到罗浮山部队"黄草岭英雄连"当兵。红线女穿上军装，戴上军帽，英姿飒爽。军号吹响，每天跑步出操，与英雄连的战士们一起摸爬滚打，吃住同行。刘琴是个神枪手，红线女要演刘琴至少也得学会打枪，她壮着胆去练"打靶"，经过一番锻炼，最后可以打个九环。二十多天的部队生活，红线女举手投足之间都是军人的气质。

在《山乡风云》中，红线女对"红腔"又有新的突破和发展（图七）。剧本提供给刘琴的唱段几乎全属梆子腔。为了更好地表现刘琴，红线女将二黄、乱弹以及粤讴融于演唱中，用丰富而多变的音色弥补曲调单一的不足，狠抓角色表演的"戏曲化"这重要的一环，剧中"对月抒怀"等唱段已成经典名段。《山乡风云》对于继承粤剧的优秀传统、丰富粤剧的表现手段起了很好的示范作用，在革命内容与粤剧传统艺术表现形式相结合方面，做了有意义的探索，被喻为粤剧现代戏的里程碑，全国各地移植《山乡风云》的就有二十多个剧种。

在红线女和粤剧同人的共同努力下，十年间，粤剧的影响力扩大到了前所未有的境界。红线女演出的剧目一个接着一个，除《搜书院》《关汉卿》《山乡风云》这三部在粤剧发展史上具有重要地位的作品之外，她还移植改编昆曲《桂枝写状》（1957年）、京剧《拾玉镯》（1958年），整理改编传统剧目《三娘教子》（1958年）、《苦凤莺怜》（1957年）、《刁蛮公主》（1957年）、《孟姜女》（1957年）、《思凡》（1961年）。新编剧目《屈原》（1958年）、《蔡文姬》（1961年）均根据郭沫若的同名话剧改编，其中《蔡文姬》是马师曾、红线女合演的最后一个新剧目。此外还有反映

1927 年广州起义的大型现代戏《红花岗》（1958 年）、《焚香记》（1960年）、《刘胡兰》（1960 年）、《李香君》（1963 年）等。

红线女在继承粤剧传统艺术的基础上，广采博引，不断创新，形成了艺术上具有自己独特风格的一大流派，人称"红派"。郭汉城先生称："红线女以她艺术大家的胸襟把流派的意义拓宽了，为流派注入了新的内涵，'红派'成了一个大写的流派，不仅仅是'红腔'，也不仅仅是红线女的表演艺术、风格

图七　粤剧《山乡风云》，红线女饰演刘琴

特色、代表剧目都能囊括的，更为重要的是'红派'所遵循的创作规律、创作方法和'红派'不拘一格的创新精神……'红派'没有打句号，'红腔'还在创，'红派'还在流。"①

1966 年 6 月，仍沉浸在《山乡风云》创作成功喜悦中的红线女，丝毫没想到自己在当时中国大地掀起的一场浩劫中首当其冲。41 岁正是其艺术创作趋于成熟的黄金时期，却被关进牛棚，下放到茶场，去干校劳动，在伙房当杂工，教娃娃们练功。站在舞台的时候，她不再引吭高歌，而是拉着控制大幕开合的绳子。在熟悉的排练场内，同事在兴高采烈地排练，她只能端着水壶为大家冲茶递水，拿着扫帚清洁排练场……红线女被迫离开她挚爱的粤剧舞台，这一别便是 13 年零 3 个月。平日坚决反对吸烟的她，

---

① 郭汉城：《红线女、红派、红腔》，《论红线女舞台艺术》，奥林匹克出版社 1997 年版，第 44 页。

拿着卷烟宣泄着孤独无奈和苦闷。

即便如此，她也没有放弃对艺术的追求。严禁练功、练声，严禁一切艺术活动，甚至接受"样板戏"电影拍摄任务时，也不准用"红线女"之名参演，这些都没能困住红线女。每当风雨雷鸣的时候，她借大自然声音的掩盖，躲起来练声。她在吆喝鸡群时吊嗓子，无人之处走台步，过圆场。当同住一棚的"真姐"因经不起变故而自寻短见时，她在自己的内心唱歌，粤曲《娄山关》（毛泽东词、红线女曲）和《大江歌罢掉头东》（周恩来词、红线女曲），正是在这样的环境中产生，红线女用自己的心声创作，以坚毅刚强的笔墨渲写了她这段人生。红线女的坚守，最终让她在54岁重返舞台。

有人问，十几年的磨难，不能踏上舞台，你是否后悔当初的决定。红线女淡然笑之：13年零3个月，风风雨雨，起起落落。即使遭遇磨难，也坦然面对，我无怨无悔。当我不能踏足舞台，我始终坚信，只要观众需要我，我一定会回到舞台；只要我问心无愧，我一定能走过来。我相信我们的祖国，我们的党，因为祖国始终是向前迈进，向前发展。

1979年9月3日，红线女调到广州粤剧团任艺术总指导。9月30日，在广东省、广州市庆祝建国三十周年晚会上，红线女重新登上舞台，激动之余还伴着小紧张，陌生之中还是那么的熟悉。一曲《香君守楼》，唱得多少人如痴如醉。这是她"文化大革命"之后第一次重返舞台演唱，人们惊叹，阔别舞台如此之久，红线女的艺术依旧青春。

重登舞台后，红线女锐意出新，致力于培育新人，编演新戏，实践粤剧艺术的改革创新，就此开启了她艺术人生的第三个黄金时代，将"红派"艺术推向新的高峰。

1980年3月至7月，以红线女为艺术指导的中国广东粤剧团先后赴新加坡、香港、澳门演出。这是红线女自1955年回广州工作后首次赴港澳演出，成为轰动港澳和海外的一大新闻，被称为掀起了"红线女旋风"。当列车抵达香港红磡火车站，红线女重新踏上了这块哺育她成长的土地的时候，滚滚的人潮，早已在场等候的市民、记者还有老朋友发自肺腑的欢呼，让人真切地感受到了红线女与观众间那种割不断的鱼水之情。1982 年 6 月，以广州粤剧团为主，红线女、陈笑风任艺术指导的中国广东粤剧团，应邀赴加拿大、美国演出。访问长达 57 天，共演出 39 场，观众近 10 万人次。

1980 年，红线女把曹禺话剧《王昭君》改编成粤剧上演，易名为《昭君公主》。当时很多人都不理解，你都已经有了《昭君出塞》，为什么要自己和自己打擂台呢。但是红线女还是做了，她也成功了。她一反传统悲悲戚戚的王昭君形象，重塑一个自愿和番的昭君公主。她在"长相知不相疑"中，深藏着自己对祖国、对人民的真挚之情。《昭君塞上曲》《长相知》《奶茶香》等唱段，听得人如痴如醉，很快就流传出去。原作者曹禺看后大为惊叹，连说红线女演的王昭君，让他产生了稀有的艺术激动。国家副主席乌兰夫在北京看完演出后，激动地说，这是个真正的王昭君。

1984 年至 1988 年，她先后在穗、京两地举办"红线女独唱会"和"红线女艺术专场"，在戏曲界开了个人独唱会的先河。为此，戏剧界、音乐界专门组织了座谈会，一致认为红线女的表演厚积薄发，有着极高的艺术造诣，达到其艺术巅峰。不仅如此，红线女还排演了现代戏《陈铁军》《白燕迎春》《春到梨园》等。粤剧现代戏《白燕迎春》是庆祝建党七十周年的献礼剧目。红线女塑造了沈洁这样一名对党忠诚、爱岗敬业的医务工作者。剧情时间跨度长达 20 多年，创作的难度很大，对演员的要求很高，但在以红线女老师为主的创作人员以及全体演员的努力下，该戏成功搬上舞台，获得业界以及观众的好评。此剧 1991 年由小红豆粤剧团首演。1996 年，红线女以 69 岁高龄主演《白燕迎春》，进京展演，其不倦的神采、感人肺腑的"红腔"、精湛的红派表演艺术，使观众陶醉其中。该剧参加 1991 年第四届广东省艺术节，获剧本二等奖，1994 年获全国"五个一工程"提名奖和广东省"五个一工程"奖。

1985 年 9 月，正当红线女迈入艺术人生新阶段时，与她相伴十多年的伴侣华山因病去世①。红线女与华山初识于 1956 年《搜书院》进京演出时，1973 年 2 月，结下夫妻情缘，而后相扶相持。华山病重卧床时，红线女亲力亲为，照顾得无微不至。1986 年 4 月，《光明日报》发表了红线女撰写悼念华山的散文《插柳岳西》②。

当红线女迈入古稀之年，很多人都在说，你该休息一下了。她笑称，我永不言休。1996 年，红线女以饱满的热情投入了红线女艺术中心的筹建工作。高低错落、舒卷开合的回旋墙墙身，犹如戏曲演员飘动的水袖，这座殿堂是戏剧艺术与建筑艺术的凝结。这是广州市委市政府为表彰红线女对艺术事业的卓越贡献而投资兴建，而她在这里工作到了生命的最后一刻。

作为红线女艺术中心的主任，红线女没有沉醉于往昔的功名与辉煌之中，而是把红线女艺术中心的成立当作新的起点。她提倡继承传统，革新创作，不断探索粤剧艺术的新途径，许多开创粤剧先河的历史都是由红线女来书写的。

红线女曾四次与大型乐团合作，1998 年 12 月，她与香港中乐团合作演出。而后在红线女艺术中心落成典礼暨红线女从艺六十年庆贺活动中，

---

① 华山，广西崇左人，1938 年入延安鲁迅艺术学院学习，不久到《新华日报》社工作，开始战地记者生活。抗战胜利后，华山任新华社总社记者，先后采访东北前线、朝鲜战场、地质勘探工地等。1957 年他下放到三门峡工地，1965 年至 1976 年在河南林县劳动。华山除创作了优秀小说《鸡毛信》外，还出版了通讯特写集《光荣属于勇士》《英雄的十月》《踏破辽河千里雪》等。

② 红线女艺术中心、马鼎昌：《马师曾与红线女》，花城出版社 2020 年版，第 327 页。

与上海民族乐团合作演出。2002年,在中共广州市委和广州市人民政府主办的"粤剧交响音乐会"活动中,她分别与广州交响乐团、中国爱乐乐团合作,在京、穗两地引起巨大反响。1999年,红线女将粤剧与钢琴相结合,组织"爱心助学义演"晚会。

红线女对鲁迅先生笔下的祥林嫂情有独钟,她说:"我想演祥林嫂几十年了!"1998年,在红线女从艺60周年庆贺晚会上,红线女成功地塑造了祥林嫂这一形象,她设计唱腔,并一个人演出了整台独角戏,难度之大可想而知。曾经有人觉得这不是一出戏,因为舞台上只有祥林嫂一个人物,没有对手,没有念白,从头至尾只有演唱。但是细细品味,这确实是一出全新的现代折子戏,这是一出人物内心独白的独角戏。它独立构成一种艺术形式,以一个演员的表演剖析一个事物的本质。祥林嫂是红线女第一次饰演老旦角色。昔日的红线女多以娇俏秀丽、婉约含蓄、活泼动人的形象展示人前,在戏曲舞台不曾见过她饰演孤苦可怜的老妇。这短短二十几分钟的时间里,观众随着红线女走过了祥林嫂悲凉的一生,而她在艺术上又一次突破和超越了自己。

虽然红线女依然保持着旺盛的艺术生命,但她也感叹岁月留痕。她说:"我在这个时候不应再演戏了,不应再以艺术第一线的位置与观众接触了,可我还是一个粤剧演员,又是一个粤剧艺术的创作者,我是不能离开创作的!"

怎么办?怎么办?红线女想了很久很久,于是,一个灵感从她脑海中蹦了出来。2004年,世界第一部粤剧动画电影《刁蛮公主戆驸马》隆重上映。该片从创作到公映历时四年,拓展了粤剧传播的新途径。红线女担任剧本改编、导演、艺术总监,并亲自为剧中的凤霞公主配音、配唱。该片荣获2004年第10届中国电影华表奖优秀美术片奖。这一年,她79岁(图八)。

促使红线女创作粤剧动画电影还有外在的原因。进入20世纪80年代,

图八　2004 年动画电影《刁蛮公主
戆驸马》

中国戏曲的发展已经没有改革开放之初那样迅猛，多元化的娱乐方式层出不穷。探索新的传播途径，以时尚的模式向大众传播，是戏曲工作者必须面对的使命。粤剧动画电影《刁蛮公主戆驸马》是中国戏曲史上第一部以动画电影为载体的粤剧，是世界动画史上第一部以粤剧故事为主体的动画电影，它必将载入史册。

红线女的艺术创造的另一个重要方面，是新编粤曲的创作和对传统粤曲的整理出新。红线女创作演唱的粤曲有《花城之春》《珠江礼赞》《还珠赋》《莲花颂》《豪唱大江东》等。通过这些作品歌颂改革开放之后社会生活的日新月异，讴歌香港、澳门回归祖国的重大历史意义。

2001 年，红线女叫来 7 个还没从粤剧学校毕业的学生，排演现代戏《西关女人》。她又当导演又是编剧，亲自调教每一个角色。学生被她骂哭，她说："你们不许哭，你要记住，演员只能为角色而哭。"排成之后，女孩全部抱着她，她一个个去亲吻她们。笔者还记得当年陪同她去外地参加活动，在回来的路上她说，以前去珠海需要过很多的河，还要不停地上船换车，现在到处都有桥，到处都有高速公路，祖国的变化很大。一回来，她马上就创作了一曲讴歌珠三角地区变化的《水乡桥韵》。并且在这首粤曲的基础上，还拍摄了艺术纪录片《红线女心路之桥》，反映了祖国的变化和人民生活的变化。那一年，她 82 岁。

红线女始终认为，作为一名粤剧工作者，应该在反映现代生活方面创作值得后人怀念的作品，不要让这一阶段的历史变成了空白。我们有责任让人民群众知道祖国在发展、在富强，我们有责任去记录时代的脉搏。红线女尤为重视理论研究工作，经常同京、沪、穗的众多专家、学者聚会，交谈、切磋自己的种种艺术实践和学术思考。借助专家、学者的力量完成了数百万字的学术成果。红线女拍摄了 5 部艺术纪录片以及十多套音像制品，收录她五十多首代表作、经典影视作品，极具史料及研究价值。

2013 年 11 月 13 日，刚出院的红线女出席"首届世界广府人恳亲大会晚会"，一曲《荔枝颂》惊艳全场。2013 年 11 月 30 日，红线女出席"红豆飘香——庆祝广州粤剧团（院）成立六十周年志庆晚会"，谢幕时她与众演员合唱《荔枝颂》，成为绝唱。2013 年 12 月 7 日，红线女在红线女艺术中心小剧场亲自给广东粤剧学校的学生上课。她生命的最后时刻依旧给了粤剧。2013 年 12 月 8 日，红线女因病逝世。习近平、李克强等党和国家领导人送来花圈致意。送别当天，数千人冒着暴雨为红线女送行。红线女为艺术怒放的一生，坚守了她的承诺：我的生命属于艺术，我的艺术属于人民！

二 做一个光荣的共产党人

1957 年，红线女向党组织递交了入党申请书。1959 年 7 月 9 日，在粤剧界第一位党员演员白驹荣的介绍下，红线女加入中国共产党，成了一名预备党员。1960 年 7 月 9 日转为正式党员。正如她在入党志愿书里所表达的："我衷心要求成为组织中的一员——做一个光荣的共产党人。我愿意把我的生命全部献给革命事业，能够在艺术岗位上为人民献一分力量。"她举起右手，宣读了入党誓词，从此成为一名光荣的共产党员。

1955 年，跨入而立之年的红线女从香港回到内地，开始了崭新的生

203

活。从一种价值观走向另一种价值观，从一种制度走向另一种制度，她脚步坚定，毅然决然。这种思想的转变经过了一个艰苦的自我修炼过程。从最初为了"找碗饭吃"而踏上粤剧舞台，而后为了"对得起自己的艺术"而不断努力。红线女渐渐懂得，仅有朴素的感情是远远不够的，一位艺术工作者真正的价值和使命，是"我的艺术要为广大人民群众服务"。她的一生追随党的脚步，与国家、人民的命运紧密相连。

红线女身后留下了一串串光辉的印记：她当选多届全国人大代表、全国政协委员。1957 年，红线女荣获第六届世界青年与学生和平友谊联欢节东方古典歌曲比赛金质奖章；1985 年，荣获联合国交响乐协会"杰出艺术奖"和亚洲协会颁发的"杰出艺人奖"；2001 年，荣获美国纽约文化事务部、林肯艺术中心、美华艺术协会"粤剧艺术终身成就奖"；2002 年，荣获造型表演艺术创作研究基金理事会颁发的"表演艺术创作研究成就奖"；2005 年，荣获香港浸会大学荣誉文学博士学位；2008 年，她被评为"国家级非物质文化遗产项目粤剧代表性传承人"；2009 年，荣获首届"中国戏剧奖·终身成就奖"和"全国非物质文化遗产保护先进工作者"称号；2010 年，荣获第 20 届上海白玉兰戏剧表演艺术终身成就奖；她还两次荣获"全国三八红旗手"称号。

三　文化使者　大爱无疆

作为一名共产党员，红线女牢记艺术工作者所肩负的文化使命和社会担当。她曾多次率团赴美国、加拿大、马来西亚、新加坡、日本、朝鲜、越南等国家和我国的港澳地区演出，对传播粤剧艺术、促进国际文化交流发挥了重要的推动作用。

《当代中国戏曲》评述地方剧种出国访问产生广泛的世界影响时，屡屡出现粤剧和红线女的段落。书中写道："粤剧是颇具影响的一个大剧种，主要流行于广东省境内，在东南亚等国影响也很大，粤剧的音乐和唱腔优美、抒情、动听，表演细腻，著名粤剧表演艺术家马师曾、红线女是深受海内外观众喜爱的演员。"① 20 世纪 80 年代，红线女随团访问新加坡，"红线女主演的《搜书院》《宝莲灯》《绣襦记》给观众留下了深刻的印象，他们对红线女的表演尤为喜欢，红线女一出场便掌声雷动，经久不息"②。红线女随团访问美国和加拿大，熟悉粤剧的旅美侨胞和美籍华人看了演出，称之为"南国红豆春来发新枝"。他们欣喜地发现红线女风韵犹在，感到无限的欢欣快慰。对于第一次欣赏粤剧的美国观众来说，他们得到了新的艺术享受。

红线女也曾不顾旅途辛劳，登临畲族山区，探访失学儿童；她曾驱车数百里远赴粤西大地，探访和参加粤剧春班（春节期间的演出活动）的演出。还到学校演出、讲课，致力于培养和争取新一代观众。

红线女热心公益，淡泊名利。她发起"爱心助学"义演，筹得善款，帮助畲族失学儿童完成学业。她积极参加历次赈灾演出、希望工程筹款演出，汶川地震后，她先后捐款近 50 万元。她常年义务指导广州荔湾区青少年宫的粤剧班小朋友，并资助他们参加比赛。多年来，经线女参加过的慈善活动不计其数，匿名捐赠已无从统计，数不胜数。

四　心底无私　甘当人梯

回到广州工作后，红线女对青年演员的培养和扶掖，始终排在工作日

---

① 张庚主编：《当代中国戏曲》，当代中国出版社 1994 年版，第 644 页。
② 张庚主编：《当代中国戏曲》，当代中国出版社 1994 年版，第 645 页。

程的前列。20 世纪 70 年代初，红线女亲自带领招生组的老师走遍全省各地，招来了一群十一二岁的少年，在广州市郊沙河元岗办起广东省"五·七"粤剧训练班。1990 年 1 月 30 日，为了培养粤剧人才，学习、继承、弘扬粤剧艺术，"小红豆粤剧团"正式成立，由红线女担任团长和艺术总监。

红线女倾尽心血，事必躬亲。和有些开宗立派的大师不同，红线女注重的并不是有没有磕头拜师，她以艺术大家的胸襟把流派的意义拓宽了，把红派艺术的核心精髓授予更多的演员。红派艺术成了一个大写的流派，她的学生也超越了旦角这一行当，形成了众多的个人表演风格。在她的悉心指导下，郭凤女、欧凯明、黎骏声、苏春梅、琼霞等一大批中青年演员迅速崛起，撑起了粤剧艺术一片新的天空。

在几十年的艺术生涯中，红线女以自己人格魅力和精湛的艺术，影响着一批又一批的年轻人。对于艺术传承来说，源头的影响是十分重要的，所以，红线女及其红派艺术对粤剧艺术发展的影响尤其深远。

作为当今粤剧艺术的执牛耳者，欧凯明[①]在接受采访的时候说，当年恩师为了把他调到广州，可谓用心良苦。因为当时南宁粤剧团把他作为重点培养对象，并不想放他走。后来红线女老师亲赴广西南宁。为了让剧团放人，红老师给领导们鞠躬，说"这个年轻人就放给我吧"。时至今日，恩师红线女的谆谆嘱托、传承和发展粤剧的使命他时刻不敢忘。

苏春梅[②]回忆道，红老师曾经手书"春梅：为粤剧拼搏，是我对你的期望"字条，但并未交给她。红线女过世后，家属在收拾母亲遗物时发现

---

① 欧凯明，国家一级演员，国家级非物质文化遗产项目粤剧代表性传承人，享受国务院津贴的专家，中国戏剧梅花奖二度梅、上海白玉兰奖获得者，红线女弟子。

② 苏春梅，国家一级演员，中国戏剧梅花奖获得者，红派传人。

了这张字条，便把它交到苏春梅手中。苏春梅眼泛泪光说，艺术的传承发展需要有更多有志之士的不断努力，自己也应像红线女当年教自己一样，无私地传授给后辈，让红派艺术发扬光大。

红线女很爱才，京剧演员张火丁与她渊源颇深。红线女关心着这位年轻演员的成长。让张火丁感受最深的还是红线女对自己艺术上的关切。张火丁的《绝路问苍天》，就是移植于红线女的《祥林嫂》。红线女希望张火丁能通过塑造不同类型的人物，进一步丰富艺术风格。张火丁说："这是红老师给我启发，给我一个非常正确的引领……我觉得通过《祥林嫂》的这个小小的成功，给了我很多信心，让我涉足了创新之路……在红老师身上，我看到了一位艺术大师对艺术坚持不懈的追求，给我树立了艺术上的典范。"

2008 年，红线女被国家文化部命名为国家级非物质文化遗产项目粤剧代表性传承人。一直以来，红线女都坚持粤剧艺术要进一步拓宽受众群体，要不断创新。人才培养、创新传播途径、普及粤剧教育更是必不可少的环节。红线女亲自策划"南粤辉煌五十年"粤曲新作大赛。在她的倡议下，粤剧编剧高级研修班开办，为粤剧事业培育了一批高水平创作人才，取得了丰硕的艺术成果。红线女走进大中小学校，来到基层社区，奔赴山区农村，普及推广粤剧。她对荔湾区少年宫粤剧班的小朋友不厌其烦地加以指点。每当她看到孩子们唱粤剧、演粤剧，就开心得也像一个孩子。在她眼中，孩子就是粤剧的未来，即使不会走上演员的道路，但现在的学习就是火种，所以引导他们欣赏粤剧、爱好粤剧。红线女所付出的耕耘和劳作，实在令人敬佩。

红线女的家国情怀与社会担当，指引着她一生追求美、创造美、传播美。爱国主义是红线女人生的精神支柱，她对粤剧艺术的传承发展、中国戏剧事业的弘扬做出了卓越的贡献。今天，站在新的历史起点，我们要学

图九　红线女（1925～2013）

习她心系祖国、心系人民的赤子情怀，学习她对事业一往情深、不离不弃的坚韧笃定，学习她对艺术勇于奉献、求实创新的进取精神，学习她为培养接班人呕心沥血、甘当人梯的高尚情操，学习她积德行善、济困扶危的优秀品格。

在红线女的追思会上，她的儿子马鼎盛说："母亲走了，我们最好怀念她的方法是发扬她的精神，她的精神最核心的部分是爱国。从1955年12月回到祖国之后，她和国家、和民族荣辱与共，不离不弃，直到最后一刻。"

红线女虽然离开了，但她的艺术长青，她的精神不灭！

活着，再活着，更活着，变成了劳动人民的红线女（图九）。

（作者系红线女艺术中心副主任、副研究馆员）

后　记

　　宣传文化名人的民族精神和高尚情怀，一直是我们工作的出发点和落脚点。今年是中国共产党建党 100 周年，我们组织编辑了这本书，目的就是宣传以李大钊、鲁迅等为代表的近现代文化名人的家国情怀，寻找他们的精神谱系。

　　在组稿过程中，我们为文化名人的宣传队伍注入了新鲜血液。本书既有从事李大钊、鲁迅等文化名人宣传研究的资深作者，也有从事郭沫若、茅盾研究的 90 后年轻人。在编辑过程中，我们坚持以习近平新时代中国特色社会主义思想为指导，系统梳理了李大钊、鲁迅等文化名人的人生轨迹、精神风范和光辉业绩，从多个角度阐释了文化名人的家国情怀。

　　希望这本书能为提升中国文化形象添一抹彩，为传承、弘扬中华优秀传统文化担一份责，为实现中华民族伟大复兴中国梦贡献自己的智慧和力量。

　　感谢文物出版社郑彤老师的辛勤劳动，她的编辑工作使本书更具有可读性。感谢为本书出版给予支持和帮助的各界人士。

编　者

2021 年 9 月于北京